잃어버린 나를 찾기 위한 8가지 방법

존재 [나]에 대하여

김주호 지음

자유정신사

존재 [나]에 대하여

통합사유철학 첫 번째 축, 삶 속 '존재'에 관한 구체적 고찰

존재 [나]에 대하여

김주호

자유정신사

통합사유철학 첫 번째 축, 삶 속 '존재'에 관한 구체적 고찰

태양이 떠오르면
밤사이 생각한 것만큼 그렇게
감출 수 있는 것이 많지 않다.

Ⅰ 장. 연극을 떠나다 – 자유 정신을 통한 존재의 탐구

II장. 사람을 목적하다 – 고귀함을 통한 존재의 탐구

III장. 존재를 보다 - 제3의 탄생을 통한 존재의 탐구

IV장. 나를 가라앉히다 - 투명성을 통한 존재의 탐구

V장. 존재 [나]를 행하다 – 인식의 행동화를 통한 존재의 탐구

VI장. 모방을 벗다 – 창조적 의지를 통한 존재의 탐구

VII장. 질서를 무너뜨리다 – 무질서의 삶을 통한 존재의 탐구

VIII장. 생각을 멈추다 – 멈춤 그리고 천천히 봄을 통한 존재의 탐구

이 책은 사흘간의 여정에서 변화된 존재에 관한 이야기이다.

　　　산에 오르기 위해 왔다. 물론, 분명 산에 오르기 위해 온 것
만은 아니다. 존재를 찾기 위해 내일 아침은 산에 오를 것이다. 저
녁 식사 후 시간이 남는다. 이렇게 시간이 여유롭게 느껴지는 것
은 항상 일이 있을 때이다. 여기 숙소에 있는 조그만 카페에 가서
내가 왜 여기에 왔는지 생각해 보기로 했다. 카페는 크지 않았고
옆에서 하는 말이 선명하게 들려왔다. 산에서 나는 소리를 듣게
하려는 의도인지 음악은 없다. 벽을 보니 짧은 시가 걸려 있다.

"그렇게 춥지 않은 겨울 아침에 | 주황색 아침놀 본 적 있나요. | 하늘
가득 파란색 담아 놓고서 | 온 가득 세상은 주황이에요. | 사랑하는
이로부터 선물 같아요. | 붉은빛 태양이 놀에 걸리고 | 따뜻한 그 주
황을 가슴에 걸면 | 더 이상 바람 없는 연인의 마음. | 그렇게 춥지 않
은 겨울 아침은 | 사랑하는 이로부터 선물 같아요."

　　　시는 서정적이지만 내가 이곳에서 찾을 존재의 모습을
암시한다. 존재는 춥지 않은 겨울 아침처럼 그렇게 다가올 것이다.

무언가 생각나려 할 때, 멀리서 한 사람이 느리지도 빠르지도 않게 조용히 오두막 카페를 향해 걸어오는 모습이 눈에 들어왔다. 그 또한 나처럼 산을 오르려는 사람일 것이다. 가을 상쾌한 바람에 머리카락이 흩날리면서 주위의 나무를 응시하며 걷고 있다. 이때, 옆에 있던 사람이 이야기하기 시작했다. 그는 삶의 예지자(叡智者), 붉게빛남으로 불리고 있었다. 이들 세 사람과 멀리서 오는 사람과의 관계가 조금 예측된다. 분명 그들은 그를 찾아온 것이다. 그들은 '평등적 자유'를 위한 연대(連帶)를 이루고 있는 듯하며, 그 중심에 그가 있는 것 같았다.

카페에 들어서자 그의 모습이 분명해진다. 그는 부드럽고, 수용적인 눈매와 적당한 입술의 모습을 가지고 있었다. 사람들의 인사에도 크게 반응하지 않는 것으로 보아서는 그렇게 사람들과 어울리는 것에 익숙해 보이지는 않는다. 차림새로 보아 이들도 내일부터 산행할 모양이다. 나의 이동 경로와 크게 다르지 않을 것이다.

해가 져, 서늘해지자 자연스럽게 가운데 화롯가로 모였다. 이때, 한 젊은 친구가 이야기한다. 그는 매우 뚜렷한 발음과 확신에 찬 목소리를 가지고 있고, 나름대로는 지식을 많이 쌓고 있다는 자신감에 가득한 표정과 태도를 가지고 있었다. 그는 법을 공부하고 있고, 정의를 통해 좋은 세상을 만들어 가겠다고 했다. 그는 우리의 정해진 삶의 틀 속에서, 어느 정도 성공해 가고 있음이 틀림없는 것 같다.

그는 붉게빛남에게 자신의 삶과 그 목표에 관해 한참을 열심히 설명했다. 그러나 결국, 자기 삶이 옳은 것인지 틀린 것인지 잘 모르겠다고 말했다. 그리고 그에게 우리 삶에 관하여, 정확히는 우리 삶의 혼돈에 관하여 물었다.

I 장. 연극을 떠나다

하늘의 달을 본 자는
물속에 달이 있다, 없다 말하지 않는다.

자유정신을 통한 존재의 탐구

어둠을 피하는 방법 중에서 태양을 쫓아가는 것이 가장 어려운 방법이다.
그런데 대부분 그 방법을 택한다.

1. 비극적 확신

그는 이렇게 말했다.

우리, 인간적인 사유의 본질은 희극이나 비극적인 것과는 관계가 없음에도 불구하고, 모든 것이 극화되어 버렸다. 마치 연극을 보는 것과도 같이 우리 삶을 먼 시점에서 한번 보자. 우리의 삶이 점점 악화되고 있다. 우리는 자신의 본래 모습과는 다른, 무언가 꾸며지고 불편한 모습으로 하루하루를 지내고 있다.

얼굴이 하얗고, 키가 큰 멋스러운 예술가가 말을 시작했다. 그는 예술가적 기질이 풍부한 외모와 목소리를 가지고 있었고, 밝은 목소리로 물었다. 우리 삶의 극화가 무엇이 문제인지를. 자신을 주인공으로 삼아 세상을 멋지게 살다 가는 것도 우리의 유한한 삶을 생각한다면 나쁘지 않을 수도 있지 않은지를. 조금 침묵이 흐르고, 다른 사람들도 이에 동의하는 눈빛을 주고받고 있었다. 따뜻한 화롯가의 나무가 타올라 소리를 크게 내자, 붉게 빛남은 다시 이렇게 말했다.

삶은 극화되기에는 너무나 창조적이다. 삶이 극화되면 우리 삶은 너무 많은 것을 필요로 한다. 자신의 삶을 구성해갈 잘 써진 대본이 필요하고, 그 삶을 꾸려나갈 그럴듯한 무대가 필요하다. 그리고 더욱 어려운 것은 자신의 극을 보아줄 관객에 대한

관심으로, 자신 대부분의 삶이 어지럽게 되어 버린다는 것이다.
이제, 어느 하나라도 갖추어지지 않으면 자신의 삶은 파괴되는
듯 느껴지고, 그 극을 유지하기 위해 자신의 모든 것을 희생하는
데 주저하지 않는다. 자기 삶의 평가자는 관객이며 자신의 의지
적 삶은 관객으로부터 단호히 거절된다.

그는 잠깐 불을 바라본 후, 다시 이렇게 말했다.

삶이 극화되면, 자신을 적절하게 치장하는 일이 자신을
위해 할 수 있는 최선의 그리고 유일한 일이 될 것이다. 그래도
그에게 위안이 되는 것은 대부분의 사람이 자신의 삶을 칭찬하
고 뒤따를 것이라는 비극적 확신이다. 친구들이여! 극장 속 관중
에 둘러싸인 연극 속에 자신을 가두지 말기를.

그러자, 정의에 관해 이야기했던 젊은 친구가 조용히 물
었다. 그러면 삶은 비극인지 아니면 희극인지에 관하여. 만일 삶
이 극과는 거리가 멀다면, 희극도 비극도 아닌, 무엇인지에 대하
여.

우리는 자신의 삶을 살아가는 모든 순간 비극을 느껴야
한다. 우리는 계속 욕구하고 욕망하면서 끊임없이 구하기 때문
이다. 그래서 비극은 자신의 의지에 대한 대가로 탄생되며 인간
이 의지를 피할 수 없는 까닭에, 이로부터 벗어날 수는 없을 것이
다. 이를 [인간 의지에 의한 비극의 탄생]으로 나는 정의한다.

그런데 역설적으로 사람들은 끊임없는 욕구와 욕망에 의한 이 비극적 상황을 즐거움으로 희화시켜 삶의 의미를 전도시킨다. 이는 아마도 근면함을 필요로 하는 어리석은 권력자에 의해 교육되었을 것이다. 우리는 비극적 삶을 극복할 수 있도록 하는 특별한 의지를 가져야 할 것이다. 그런데 우리 친구들은 그 변화된 삶에 두려움을 느끼며, 의도적으로 구함의 비극에서 벗어나려 하지 않고, 노예적 구함을 즐거운 삶의 목표로 삼아 삶을 희극화 시킨다.

조금 침묵이 흐르고, 그는 삶이 희극인지 비극인지를 물었던 친구에게 조용히 이렇게 말했다.

의지가 존재하는 한 인간의 삶은 희극과는 거리가 멀다. 그러나 또 다른 의지가 존재하는 한 삶은 항상 비극적이지도 않다.

여기까지 이야기하자, 세 사람은 조금 동요하는 듯싶었다. 자신의 삶이 누군가에 의해 쓰인 각본에 맞추기 위해 살아왔는가에 대한 회의감이 들었기 때문이다. 의지를 가지면 삶은 비극화되고, 그런데 이 비극으로부터의 출구가 또 다른 의지라는 말에 대한 해석을 나름대로 하고 있는 것 같았다. 나 또한 이 말에 대한 해석에 나도 모르게 집중하고 있다. '극'이라 함은 인위적이고 정해진 틀 속에서 이루어지는 활동이라고 할 때, 그가 하려고

한 말은 우리 삶에서 비극, 희극과 같은 극적인 요소를 밀어내라
고 한 것이리라. 이때, 잠시 스치듯이 떠올랐다. 그렇다면, 또 다
른 의지는 그럼 무엇인가.

2. 삶의 혼동과 무질서

이때, 다른 누군가가 물었다. 지금 사람들이 어떤 모습으로 삶을 만들어가고 있는지, 그리고 존재 [나]는 이 삶 속에서 어디에 있는지에 관하여. 붉게빛남은 창밖의 흔들리는 나무에서 답을 찾는 듯 잠시 응시한 후 이렇게 천천히 말했다.

사람이 자신의 삶을 극적으로 인식하는 것은 운명적이다. 명예에 굶주려 있는가! 사람으로부터 인정받는데 자신의 목숨까지 버릴 준비가 되어 있는가? 비극적 확신을 위해 타인의 환호를 얻으려는 극적인 태도를 자신의 삶에 적용하여 자신의 삶을 극화하려는 의지가 마음속에 가득한가?

바람이 불어 이야기는 잠시 중단되었고, 모두 카페 앞에 있는 바람 속 나무를 바라보았다. 그 속에는 태양이 노을과 함께 붉게 빛나고 있었다. 그는 바람에 무질서하게 흔들리는 나무에 답이 있는 듯한 몸짓과 표정을 보였다. 우리는 그것을 알 수 있을까? 그는 이야기를 이어갔다.

우리는 비극을 극복하려는 노력으로 자신의 삶을 구분하기 시작했다. 비극적 요소는 묻어 두고 사람들이 희극으로 만들어준 대본대로 살아가면서, 비극적 요소를 망각하는 극단적인 희극화를 시도했다. 그러나 이는 실제 우리의 삶 속에서 불가능한 일이다. 오히려 삶의 극단적 희극화는 삶이 운명적으로 비극화 되었을 때, 그 속의 비참함으로 삶이 황폐화되어 사유의 혼돈을 일으킬 것이다.

잠시 그는 쉬면서 세 사람을 천천히 바라보았다. 아마도 자신의 말에 대한 설명이 필요할지에 대한 판단을 하는 것 같았다. 자신의 현재 삶에 대하여 의문을 가지는 세 번째 친구를 향해 이렇게 말했다.

친구들이여! 삶이 희극, 비극으로 나뉘어 극단적 희극화 또는 극단적 비극화 되어가고 있는데 이를 알지 못하고 있다. 우리는 지금 자신도 모르게 무대 위에 올라가 있는데, 이를 알지 못하고 있다. 이로부터 내려와야 한다. 그러기 위해서는 빨리 [나]를 찾아야 한다. 내가 나를 마음대로 할 수 없다면, 모든 것을 안다 해도 마치 꿈속에서 우리 몸을 마음대로 움직일 수 없듯이 그로부터 벗어날 수 없을 것이다. 내가 나를 마음대로 할 수 있도록 [나]를 찾는 것, 그것이 무대를 내려오게 하는 힘이다. 그리고 그 [나]는 바로 우리들의 눈(目) 속에 있다.

이때, 갑자기 나의 눈과 그의 눈이 마주쳤다. 마치 나를 염두에 둔 것처럼. 내 눈 속에 내가 있다고? 내가 보는 것은 눈동자

속에 맺힐 것이고, 그렇다면 눈동자 속에는 [나]는 없고 대상만
이 비칠 것이 아닌가. 그럼, [나]는 모든 대상 속에 있다는 것을
암시하는 것인가. 분명 그럴 가능성도 있으리라. 하지만 [나]를
찾으라 하던 그의 말에 의하면, 나는 존재할 것이고 그렇다면 내
눈 속에도 내가 비추어진다는 것인가. 거울 없는 작은 방 속에서
나 혼자서 어떻게 내 눈으로 나를 볼 것인가.

　　이런 생각을 하고 있을 때, 존재 [나]는 이 삶 속에서 어
디에 있는지를 물었던 친구는 자신은 도덕을 공부하고 가르치는
자라고 소개하면서 삶에서 정해진 대본을 버린다면, 사람들에게
무엇을 가르쳐야 하는지를 물었다. 그는 [나]에 대한 사유의 중
대한 시점에서 자신의 다른 의문을 먼저 물었다. 정의를 공부하
고 있는 젊은 친구와 예술을 공부하고 있는 친구도 [나]에 대한
사유에 대해서는 피해 가고 싶은지, 도덕을 가르치는 자의 새로
운 질문에 대하여 대답해 주기를 바라는 듯한 표정을 보내고 있
었다.

　　하지만 나는 오랫동안 눈(目) 속에 있는 존재에 대한 그
의 말을 생각할 것 같다.

3. 예정된 삶의 위험성

　붉게빛남은 도덕을 가르치는 친구가 어떤 대답을 바라는 지를 조금 생각하려는 듯이 차를 마시며 바깥 가로등에 비추는 바람 소리를 듣고 있었다. 이때, 누군가가 반대편 벽에 붙어있는 짧은 시를 천천히 읽었다. 사람들은 정해진 대본과 가르침의 내용에 관한 그의 질문은 잊은 듯했다. 아니, 시 속에서 정해진 대본의 허구(虛構)를 떠올리고 있을지도 모른다.

"작은 꽃 보면은 옆에 앉아서 | 하나하나 꽃잎 수 세어 봅니다. | 꽃잎이 여덟 개면 그리운 이가 | 나뭇잎 세 갈래면 나타난대요. | 하얀 구름 보면은 나무 옆에서 | 하나하나 구름 모양 만들어 봐요. | 양들이 마주 보면 보고 싶은 이 | 정답게 마주하면 볼 수 있대요. | 가을 색잎 보면은 그 그늘 아래 | 하나하나 그 모양 맞추어 봐요. | 다섯 개 맞으면 보고 싶은 이 | 색 색깔로 고우면 만난다네요."

　'꽃잎이 여덟 개면 그리운 이가, 나뭇잎 세 갈래면 나타난대요.' 이 시 속에서는 정해진 대본과 그에 따른 결과를 단정한다. 만일 그렇다면 그 속에서 우리는 어떤 것도 인식할 수도 없고 또 가르칠 수도 없을 것이다. 그렇지만, 삶에서 정해진 대본을 무시한다면, 사람들에게 무엇을 가르쳐야 할 것인가? 그는 이렇게 말했다.

우리는 아이들의 단순함과 즐거움을 잊지 말아야 할 것이다. 아이들이 보여 주듯이, 인식의 탄생을 경험하는 순간부터 삶은 극적인 것과는 거리가 멀다. 우리 삶은 인식·의지·존재의 지속과 단절이 경험될 뿐이다. 삶은 희극도 비극도 아닌 끊임없는 자기화 과정이며, 그 단절은 절망을 의미한다. 사람들에게 무엇을 가르치는가 하고 물었는가. 지금까지 무엇인가 가르쳐 본 적이 있다고 생각하는가. 지식의 전달자가 아니었는가. 미적분을 가르치고, 방정식의 해를 구하는 방법을 전달하고, 공자의 이야기를 전달하지 않았는가.

잠시 정적이 흘렀다.

이는 나 또한 마찬가지이다. 무언가 이야기하고 있지만 난 아무것도 가르치는 것이 아니다. 이미 존재하는 진리들을 아직 그것을 파악하지 못한 타자에게 전할 뿐. 진리를 가르치는 것은 인간의 일이 아니다.

나는 잠시 혼란에 빠졌다. 나는 타자를 가르치는 것이 나의 삶의 목표이지 않은가. 나의 지식과 경험 그리고 깨달음을 다른 사람들보다 압도적으로 확보하여 그들의 감탄을 받으면서 그리고 그것을 기쁘게 생각하면서 나의 삶을 영위하는 것. 이것이 나의 목표이었지 않았는가. 그런데 가르치는 것은 인간의 일이 아니라고? 이를 인정해야 한단 말인가. 그는 다시 이렇게 말했다.

인간으로서 자신의 의미를 발견하고 성취해 나가는 과정이 바로 삶의 자기화이다. 이는 성취 그리고 그에 반하는 좌절의 반복적 상황을 포함하리라. 하지만 그뿐이다. 극적인 것과는 거리가 멀다.

자신의 삶을 극적으로 인지함으로써 발생하는 폐단은 쓸모없는 욕구로 삶을 고뇌 속으로 빠뜨리는 것이다. 삶을 자신 생각대로의 극에 맞추어, 극 속의 예정대로 이끌어가는 데 시간을 허비한다. 그러나 그 극은 보통 엉터리이고 삼류 작가들이 써 놓은 대본이 대부분이다.

그때, 예술을 하는 듯한 친구가 조용히 이야기했다. 하지만 삼류 작가들의 대본이 오히려 우리 삶과 가까운 것 아닌가를. 그리고 너무 고귀한 작가들의 대본이 오히려 우리 삶과 거리가 있는 것이 아닌가에 대하여. 붉게빛남은 잠시 생각하더니, 이렇게 말했다.

삼류의 대본이란 불가능한 것을 마치 가능한 것처럼 대본을 쓰거나, 누구나 알고 있고 당연히 그렇게 될 수밖에 없는 일을 이야기로 만드는 것이다. 고귀한 작가의 대본은 삼류의 글과는 반대이다. 즉 삶과 떨어져 있지 않다. 그들은 삶에서 실제로 일어나고 그것을 겪어 가는 과정을 그려낸다. 가장 인간적인 그리고 실제적 삶이 가장 고귀한 삶이다.

　　모두, 자신의 삶이 삼류적 삶인지 아니면 고귀한 삶인지 생각하는 듯 조용한 침묵이 흐르고 있다. 명예를 중시하는 자는 삼류적 삶을 만들어가고 있지는 않았는지 불안감이 밀려들 것이다. 누군가 삼류 작가가 써 놓은 "명예로운 삶이 가장 소중한 삶이며, 명예란 많은 사람으로부터 존경을 받는 것이다"라는 말을 순진하게 믿고 그 명예로운 삶을 위하여 인생을 허비하고 있는 것은 아닌가. 듣고 있던 다른 세 사람 모두, 비슷한 생각이었는지 조금 심각한 표정을 짓고 붉게빛남을 바라보았다. 그는 자신의 의도가 파악된 것을 알고, [예정]이라는 말을 강조하면서 천천히 이렇게 말했다.

　　삶은 자신이 상상하는 예정된 극에 따라 항상 움직여주지 않는다. 결국 자신의 극을 수정하여 위안을 삼을 수밖에 없다. 가끔 극 속의 예정에 따라 자신의 삶이 움직여 나갈 때, 이때는 보통, 성공적인 삶을 성취해 나갈 때일 것이다. 그러나 이때 우리는 관객과의 대화에 시간을 너무 많이 빼앗겨 과연 자신의 예정된 극의 성공이 자신에게 어떤 것을 주었으며 어떤 의미가 있는지, 회의를 떨쳐 버릴 수 없을 것이다. 보통, 이와 같은 극이 성공하기 위해서는 어리석거나 부도덕한 자들이 원하는 삶의 기준에 따라 살아야 하는 경우가 대부분이기 때문이다.

이때, 정의를 공부하는 젊은이가 물었다. 성공한 사람들이나 성공한 삶은 대부분 부도덕하다는 말인지, 그리고 그들도 훌륭한 면을 가지고 있지 않은지에 관하여. 붉게빛남은 화롯불을 바라보면서 이렇게 말했다.

사람들이 생각하는 성공한 삶은 대부분 부도덕하고 어리석은 경우가 많다. 그렇지 않으면 '성공의 왕국'에 다다를 수 없기 때문이다. 삼류 작가들이 말하는 대로, 부도덕이 통용될 정도로 권력과 재력을 갖추어야 하고 자기 자신을 잘 볼 수 없을 정도로 정신없이 바빠야 한다. 그러므로 지금까지와 다른 성공한 삶에 대한 새로운 해석과 방법이 적용되지 않는다면, 성공한 자의 도덕성은 쉽게 동의받기 어려울 것이다.

이에 대하여 모두, 자신의 다른 의견이 있는 듯했다. 붉게빛남은 예정된 삶에 대하여 다시 이렇게 말했다.

우리는 자신의 삶이 예정된 것으로, 마치 시간이 흘러가는 듯이 예정대로 흘러간다고 느껴진다면, 자신이 현재 매우 위험한 상태에 있다는 것을 인지해야 한다. 이는 타인이 만들어 놓은 삶의 기준에 자신의 삶을 적용하고 있다는 증거이므로 자신만의 삶을 찾기 위한 새로운 전환을 즉시 준비하는 것이 좋다.

타인의 기준에 의해 살아가면서 크게 상처 입은 자유 정신은 회복하기 어렵기 때문이다.

    우리의 삶은 예정대로 흘러가는가? 지난 교육 과정, 성공을 위한 노력. 우리는 너무 예정대로 이지는 않는가. 이번 예정 속 그리고 다음번 예정 속에 우리는 속박되어 있지 않은가? 죽음도 아마도 우리의 예정 속에 있지는 않은가?

4. 우아함의 소유

우리가 천천히 예정된 삶 속 존재, 나에 대해 생각하고 있을 때, 옆에 있던 도덕을 공부하고 가르치는 자가 자유 정신도 중요하지만 편안하고 우아하게 살아가는 것도 좋지 않은지를 물었다. 이에 대하여 붉게빛남은 이렇게 말했다.

우아함에 대하여 이야기하는가? 우리는 과연 우아할 수 있는가. 자신의 정신을 깨끗하게 유지한 자만이 지도자의 역할을 할 수 있다. 이는 정신적 우아함이 인간을 지탱해주는 뿌리이기 때문이다. 그렇지 않으면, 우리가 무엇으로 인간의 특권을 유지하겠는가. 그런데, 우리 시대에는 지도자가 자신의 특권을 먼저 포기했다. 이제 우아함이 지도자의 권한도 아니다. 이제는 우아함과 깨끗함이 지도자의 자격과 특권으로 인식되는 시대가 이미 저물어 가고 있다.

주변 우아한 자들을 떠 올려 보라. 그들은 누구인가. 정치가인가. 재력가인가. 예술가인가. 음악가인가. 교육자인가. 소박한 농부인가. 종교를 가지고 봉사하고 수행(修行)하는 사람인가. 긍정하기 어렵다. 그는 이야기를 다시 이어갔다.

우리 시대, 우아한 정신적 행로를 가는 사람을 찾아보기 어려우며, 이는 정신적 혼돈의 어지러움으로 지도자마저 정신적 청결함을 잃어버렸기 때문이다. 인간은 슬프게도 우아하게 되는 것보다는 우아한 것을 소유하는 데만 정신을 빼앗겨 버렸다. 그들은 알지만 행하지 않으며, 또 행하지 못한다. 그들은 안다고 생각하지만, 실제로는 아무것도 모른다. 행해야 정말로 아는 것이다.

우리는 자신의 정신을 깨끗하게 하기 위해 시간을 더 많이 허비해야 할 것 같다. 우아함으로 치장하려 너무 힘들이지 않는 것이 좋다. 왜냐하면 정신적으로 깨끗한 자는 우아한 자와 우아함으로 치장한 자를 쉽게 구별할 수 있기 때문이다.

바람이 산으로부터 불어와 화롯가의 따뜻함을 더욱 느끼게 해 준다. 붉게빛남, 그는 사람들이 가꾸어온 삶의 방식에 경고를 보내고 있다. 우리 삶의 방식과 생각, 무엇이 문제인가?

5. 우아한 자들의 악취

조금 후, 예술을 하는 멋스러운 자가 우아함으로 치장하는 것이 아닌, 진짜 우아한 인간이 되는 방법이 무엇인지 그리고 우아함으로 치장하다 보면 우아한 자가 될 수도 있지 않은지 물었다. 붉게빛남은 이렇게 말했다. 빨간 단풍잎이 그의 말에 맞추는 듯 흔들리며 떨어지고 있었다.

정신적 우아함은 삶의 목표 숭고함으로부터 출발한다. 삶의 목표가 숭고하지 않다면 결국 우아함으로 치장하는 것이다. 그것은 일반 사람들이 가진 삶의 목표를 인식하고 그들 모두에게 그들이 원하는 바를 제공해 주겠다는 커다란 목표가 필요하다. 이와 같은 목표를 가진 자가 사람들에게 자신의 인식을 표출하는 과정에서 우아함이 표출된다. 이때 그의 행동과 말에는 확신이 있으며 인간이 가져야 하는 최고의 목표를 향하고 있다는 자부심이 드러난다.

이때, 정의의 필요성을 주장하던 젊은 자가 말했다. 그렇다면 자신과 가족의 생존적 삶을 위해 살아야 하는 다수의 사람은 우아함과 거리가 먼 것이냐고. 붉게빛남은 다시 이렇게 말했다.

우아함은 사람들이 만들어낸 것일 뿐, 모든 사람이 반드시 가져야 할 덕목은 아니다. 우아함을 고집할 필요는 없다. 우아함은 그들에게 맡기고, 우리는 아름다움, 명랑함, 사랑스러움, 숭고함, 평온함, 자유스러움이면 된다. 원래 우아함은 소수 귀족의 특권이며 우리가 모두 우아한 귀족일 필요는 없다. 왜냐하면 우아함을 유지하기 위해서는 다른 덕목 중 많은 것을 포기해야 하기 때문이다.

우리는 우아함의 소유자인가? 우리는 어떤 덕목의 소유자인가? 우리가 갖고 있다고 생각하는 덕목들은 완전하지 않고 모두 부분적이다. 우리는 어떤 덕목을 가질 수 있을까? 그는 천천히 일어나 화롯가 기둥 앞에 서서 다시 이렇게 말했다.

그들은 정신적 우아함이 외면적으로 현시되는 것에 당황하여, 부지런히 우아함으로 자신을 치장하기 시작한다. 그들은 열심히 지식을 축적하여 그것이 가져다주는 포만감을 느끼고 통합이 부재된 사유의 결과를 여러 사람에게 과시하려 노력한다.

그들은 또한 정신적 우아함과 예술적 우아함을 혼동하여 열심히 예술을 독파한다. 그들은 문명에 익숙하지 않고서는 우아할 수 없을 것으로 판단하여 문명에 익숙해지려고 많은 시간을 허비한다. 그리고 그 문명 속에 자신이 조화롭게 어울릴 수 있는 것에 매우 만족한다.

실제적 정신적 우아함의 소유자들이 사람들의 정신적 황폐를 수정하고 그들을 인도하는 데 그 사명을 게을리하지 않는 것과 같이, 외면적 우아함의 소유자들도 자신과 같은 우아함을 갖지 못한 자들이 자신의 외면적 우아함을 갖도록 하는 것에, 즉 소유하도록 하는데, 사명감을 가진 것처럼 행동한다. 그들은 정결한 집에서 정결한 옷으로 갈아입고, 아름다운 예술을 이야기하고 스피노자의 말을 기억해 두었다가 사람들에게 이야기하는 데 만족하고, 이것이 바로 우아한 인간의 표상으로서 사람들이 인정해주기를 갈망한다.

이때, 정의를 공부하는 법학도가 말했다. 그래도 그런 외면적 우아함이라도 가지려고 노력하는 것이 그렇지 않은 것보다는 낫지 않은지에 대하여. 붉게빛남은 이렇게 말했다.

물론 그렇다. 하지만 외면적 우아함은 반드시 자유를 속박한다. 우리는 자유 정신을 추구한다. 나는 자유를 우아함과 절대 바꾸지 않을 것이다.

화롯불에 비친 그의 모습에서 편안함이 느껴진다.

그런데 안타까운 것은 외면적 우아함을 가질 수 없는 힘든 상황 속의 사람이 자신은 우아함을 가질 수 없는 것으로 단정 짓는다는 것이다. 대부분의 사람은 우아함과 부를 연관 지으며 우아함과 지식을 연관 지운다. 여기서 매우 즐거운 경험을 하게 되는데, 그것은 우아함을 소유한 자와 그렇지 않은 자 중에서 도대체 누가 우아한 자인지를 구별할 수 없다는 것이다. 약간의 차이가 있다면 스스로 우아하다고 생각하는 외면적 우아함의 소유자에게서 보통 사람보다 조금 더 냄새가 날 뿐이다.

모두 조용히 가을 산의 모습을 바라보고 있다. 사실 산이 아니라 자신을 돌아보는 데 시간을 보내고 있을 것이다. 나는 이 산에 무엇 하러 왔을까? 그렇다. '자유의 바람을 찾아, 머무름에 의한 냄새, 우아함의 냄새를 없애기 위해 이 산에 온 것이 아닌가'라는 생각이 스쳤다.

왜 산에 오게 되었는지, 내가 나를 조금 이해하게 된 듯하여 마음
속으로부터 조용한 기쁨이 느껴진다.

6. 예술적 관조의 공과

이때 한 예술가가 말했다. 그는 자신이 추구하는 미의 세계가 사람에게 어떤 의미와 가치를 부여하는지 가르쳐 달라고 부탁했다. 붉게빛남은 창밖에서 노을로 붉게 물들어 가는 하늘을 보며 아름다움이 주는 것들에 대하여 이렇게 말했다. 붉은 노을은 주황과 파랑이 연속되어 있었고 어둠과 어울려 있었다.

어떤 가치가 의미를 가지기 위해서는 대상의 본질에 대한 사유(성찰과 지혜)가 필요하다. 그러나 우리 세계 자유로움의 대표자인 예술가와 미학자들이 미학적 관조에서 세계는 관조의 대상일 뿐 아니라 사유의 대상이란 것을 간과했다.

그는 다시 이렇게 말했다.

하나의 예술 작품이 인간의 의지로써 표출되기 전에 이미 예술적 관조로서 파괴되어 버리곤 한다. 우리 인간은 자신의 위대한 미의 생성이 그 생성물에 대한 자기 의지의 표출로써 평가되지 못하고, 어처구니없는 미학자들의 관조적인 재평가에 의해 제한되고 억압받기 쉽다는 것에 주의해야 한다. 이처럼 우리의 창조적 예술 행동과 창조적 삶이 누군가에 의해 파괴당하고 있다.

  가난한 사람이 우매한 자로 몰리고, 우월한 자들 편인 것 같은 우리 시대의 예술가와 미학자들에 의해, 세련되지 못함이 비난받고 있다. 도대체 아름다움을 평가하는 그들은 누구인가. 그들이 그럴 자격이 있는가. 이렇게 허무주의적이며 관조적인 재평가에 의해 위대한 생성에의 의지가 영향받지 않기 위해서는 우리가 필요로 하는 것은 바로 대상, 즉 존재에 대한 깊은 사유이다. 즉 존재에 대하여 생각하는 것이다. 미의 세계가 사람에게 부여하는 의미와 가치 또한 존재를 지향해야 한다.

  그는 예술과 철학을 분리하지 말라고 했다. 예술을 모든 사람, 가난한 자들을 위해 만들 것을 그리고 미를 위해 미를 만들지 말 것을 요구했다. 가난하고 배고픈 자들이 보고 듣고 느낄 수 있는 평등한 예술, 평등한 존재의 본질이 사유된 예술, 자신의 예술 작품 앞에서는 가난한 자나 최고의 권력과 재력을 가진 자나 모두 같아지는 작품을 만들라는 것이었다.

7. 의지의 분열

조금 후, 도덕을 공부하고 가르치는 자가 삶을 자신의 자유 의지대로 만들어 가는 것이 쉽지 않은데 어떻게 하면 자신의 자유 의지로 충만한 삶을 만들어 갈 수 있을지를 물었다. 붉게빛 남은 사람들이 스스로 생각할 수 있는 공간을 만들어 주면서 이렇게 말했다.

사람이 자신의 자유 의지로 가득 찬 삶을 만들기 위해서는 자신의 본질뿐 아니라 대상의 본질에 대한 성찰을 함께 필요로 한다. [의지의 표출]은 보통, 자신을 나타내려는 [의지의 발현]과 동시에, 그 나타냄으로 기인하는 자신을 대상 또는 타인이 수용하는 과정에서 발생하는 [의지의 억압]이라는 이중적 과정 모두를 가지고 있다. 우리는 자신의 의지가 대상에 의해 수용되도록 자신의 의지에 위와 같은 이중적 타협 요소를 반영시켜야 한다. 그렇지 않으면 자신의 의지는 즉시 저항에 부딪힌다.

그는 [의지의 타협]이라는 어려운 문제에 대하여 이렇게 말했다.

타인 또는 대상은 의지 표출에 직접적으로 영향을 미쳐 자신의 의지를 왜곡시키고 변형시킨다. 그러므로 우리는 한 대

상에게 자신의 의지를 표출하고자 할 때, 그 대상적 객체가 자신의 의지를 어떻게 왜곡시키고 그럼으로써 자신의 의지를 어떻게 파괴하는가를 깊이 성찰해볼 필요가 있다.

　　우리 주변은 의지의 파괴 요인으로 가득 차 있기 때문에 이로부터 탈출을 끊임없이 시도해야 한다. 그러나 우리 의지 대부분은 의지의 파괴자에 의해 상실되어 버린다. 우리는 그것을 간파하지 못하고 모든 원인을 자신의 의지 부재로 생각하고 더욱 자신의 의지를 분열시킨다. 이렇게 자유 정신이 대상에 의해 끊임없이 억압되고 있다. 모두, 지금 벗어날 수 있겠는가?

　　그는 잠시 침묵한 후 다시 이렇게 말했다.

　　우리는 내일 아침 산에 오를 것이다. 그러나 과연 오를 수 있겠는가? 이 간단한 자유 의지를 막는 것은 무엇인가? 많은 억압적 요소를 극복해야 비로소 산에 오를 수 있을 것이다.

8. 의지 분열로부터의 출구

그렇다면 의지의 분열로부터 벗어나기 위한 방법은 무엇인지 그리고 우리의 자유 정신을 유지하는 방법이 무엇인지에 대하여 도덕을 가르치는 자가 다시 물었다. 붉게빛남은 오두막 카페 안에 있는 작은 나무 사자 인형을 가지고 왔다. 그는 그 인형을 보면서 이렇게 말했다.

의지의 파괴로부터 자신을 지키기 위해서 우리가 그렇게 오랫동안 탐구해 왔던 대상(對象)의 본질을 다시 깊이 성찰하는 것이 필요하다. 이 성찰을 통하여 대상을 자신의 의지대로 변화시켜 자신의 의지를 표출하는 [적극적 방법]을 선택하거나, 자신의 의지와 상충하는 대상으로부터 자신을 도피시키는 [소극적 방법] 중 하나를 선택해야 할 것이다. 즉, 상대방을 자기 생각과 같도록 설득시키거나, 처음부터 상대방과의 대립을 피하는 방법이다. 이렇게 우리는 의지의 분열을 피해갈 수 있다. 물론 우리는 소극적 방식보다는 자기 의지대로 변화시키는 적극적 자기화 방법을 선택해 나갈 것이다.

이때, 대상의 자기화란 무엇인지 예술을 공부하는 친구가 물었다. 점점 이야기가 관념화되어 현실로부터 멀어져 가고 있다.

그러나 붉게빛남은 개의치 않고 다시 이렇게 말했다.

대상의 자기화는 그것을 자신의 사유공간 속으로 끌어들이는 것이다. 이를 이해하기 위해서는 자신의 사유 세계에 대한 이해가 우선이다. 자신의 사유 세계에 대한 성찰은 자신의 의지 표출을 위한 전제이기 때문에 이것이 충족되지 않는 한 우리는 소극적 방식에 의한 의지의 도피를 해야 하는 운명을 피할 수 없을 것이다. 사유 공간은 의지 · 존재 · 인식이 이루는 삶의 공간을 말한다. 이에 대하여는 나중에 충분히 이야기할 기회가 있을 것이다.

그는 이렇게 말했다.

우리 인간은 의지가 분열되면 대상으로부터 뿐 아니라 자신으로부터도 자신의 의미를 잃어버린다.

그는 다음과 같이 이야기하는 듯싶었다. 이제 자신이 누구인지에 대한 탐구를 시작하고, 바로 지금, 잃어버린 나를 찾아서 떠나라고.

9. 나에 대한 오류

이때, 새로운 친구가 산장 카페로 들어왔다. 누군가가 지금 자유 정신에 대하여 이야기하고 있으며 자신의 의지를 잃지 않기 위해 자신에 대한 탐구가 필요하다는 이야기를 하고 있음을 이야기해 주었다. 예술을 공부하는 친구가 우리가 자신의 존재를 잃어버린 것을 어떻게 알아차릴 수 있는지 물었다. 우리가 나를 찾기 시작하려면 우리가 나를 잃어버린 것을 알아야 하지 않겠느냐는 이야기였다. 붉게빛남은 이렇게 말했다.

'자신은 있는 대로의 자신에 관한 인식을 갖는 것이 아니라 다만 자신에게 나타나는 대로의 자신에 관한 인식을 가질 뿐이다.'라는 생각 칸트(Immanuel Kant) 은 우리가 모두 희극적 태도를 보임을 암시한다. 왜냐하면 이는 희극 배우들이 자신의 관객들에게 자신에 대한 인식을 줌으로써 미소를 머금게 하는 것과 매우 유사하기 때문이다. 이렇게 우리는 사람들과의 관계 속에서 자신을 잃어버리고 때때로만 겨우 자신을 알아차린다.

그는 자기 상실에 관해 이렇게 말했다. 타인에게 나타나는 바대로의 모습으로 살아가는 어리석음에서 벗어나, 희극 배우로부터 웃음을 얻을 때 느낄 수 있는 진정한 자신을 잃어버리지 말라고.

우리는 자신에 대한 깊은 인식을 통해 자신의 삶을 세밀히 존재-의지-인식 상황을 분석해야 한다. 하지만 표상된 자신의 대타적 존재 속에서 간간이 보이는 희극적 자신에 몸담아 그 무대를 내려오기가 힘겹다. 애석하게도 우리는 자신에 대한 오류에 대해 너무도 무관심하다.

자신이 지금 자기 오류에 빠져 있다는 것을 어떻게 파악할 수 있을까? 그는 이렇게 말했다.

자신에 대한 오류에 빠져 있으면 희극적 비애감이 경험된다. 우리는 자신을 이루는 모든 것이 자신을 둘러싼 대상에 의해 결정되고 있음을 느끼지 못하며, 이로써 대상에 의해 나타나는 자신의 존재를 자신으로 오해한다. 그들은 대상에 의해 결정 지어진 자신을 보호하는 데 자신의 전력을 다하고 있으며, 그것이 자신을 향상하는 것으로 확신하고 있다. 바로 이것이 비애감의 근원이다. 이는 우리 대부분이 겪는 비애감이다. 문득 자신을 돌아보면 자신이 지금 어디에 있는지, 자신이 도대체 무엇인지 혼란스럽기 때문이다.

그는 잃어버린 자신을 찾는 방법에 관하여 이렇게 말했다.

우리는 자신의 자유 존재로부터 분출되는 자유로운 [나]를 찾아야 한다.

자신의 자유로운 분출은 그 본성상, 독립적인 성상(性狀)을 전제로 한다. 즉 자신 이외의 객체에 영향을 받는 사유와 그렇지 않은 자신만의 사유를 분리하여 독립적인 자신의 사유를 확인하는 것이 필요하다. 이 독립적인 사유의 유지를 통해 드디어 사유의 자기화와 독립을 달성할 수 있다.

독립적인 자신의 사유, 자유로운 사유, 이것을 말하고 있다. 자유 존재로부터 분출되는 자신만의 정신, 즉 자유 정신은 독립적인 자신의 사유와 관계가 있을 것이다. 그는 조금 침묵하다가 이렇게 말했다.

우리 시대는 자신을 구성하고 있는 대부분의 사유가 자신으로부터 창조된 것인지 타인의 사유로부터 도용된 것인지 잘 알지 못한다. 그뿐 아니라 플라톤의 동굴 속 죄수들처럼 자신의 창조적 사유에 대한 불신과 타인의 사유를 자기화하는 데에 이미 만족을 느끼고 있기 때문에 창조적 자기 사유의 필요성은 파괴돼 버리고 있다.

사실 창조보다는 모방이 우리 주위를 가득 메우고 있지 않은가. 가을 산바람이 불고 있고, 그는 다시 이렇게 말했다.

우리는 저명한 학자의 감성적 문장을 자기 삶의 지표로 삼고, 반복적 교육으로 그렇게 하도록 강요받고 있다. 이 삶의 지표를 합리화시키기 위해 삶의 방식마저 변화시킨다. 이제 우리는 더는 자기 자신이 아니며 타인에 의해 결정 지어진 종속물로서 삶을 꾸려나간다. 이렇게 창조적 자기 사유는 한낱 쓸모없는 공상 따위로 전락하여 가고 있다. 지금부터라도 이 쓸모없이 전락한 창조적 자기 사유를 부활하려고 시도해야 한다.

이 새로운 시도는 현재의 자신이 부정되고 파괴되는 아픔과 위험을 감수해야 한다. 다수 타인에 의해 결정된 자신을 부정하는 것은 자신을 철저한 고립 속으로 빠뜨리기 때문에 완전히 파괴된 듯한 삶 속에서도 자신을 유지할 수 있는 건강한 힘이 필요하다.

우리는 이미 창조적이지 않은가? 사람들은 창조를 그렇게 강조해 오지 않았는가? 저명한 학자들이 미래 사회는 창조적 능력이 주류가 될 것이라고 말하지 않았는가? 우리는 나름대로 창조를 준비해 오지 않았는가? 그런데 우리 주변에는 모방뿐이다. 무엇이 문제인가. 그것을 해결하려면 자기 부정과 자기 파괴를 견뎌야 하고, 모방하도록 세뇌, 강제되어온 우리의 거짓 [나]를 깨뜨리는 모험이 필요하다.

창조적 삶을 살 것인가, 종속적 삶을 살 것인가의 문제는 자유인으로 살 것인가, 노예적 삶을 살 것인가를 결정하는 문제 이다. 이에 대한 성찰(省察)은 자유 정신을 가진 자라면 반드시 가져야 하는 근원적 사유 과정이다. 더는 자신을 어둠 속으로 몰 아 창조적 세계로부터 자신이 추방되도록 방치해서는 안 된다.

우리는 과연 자유로운가? 알 수 없는 그 무엇에 의해 노예 처럼 사는 것은 아닌가. 어느 철학자가 말하는 그들*이 바라는 대로 살아가고 있는 것은 아닌가. *그들: 이 사람, 저 사람 그리고 나도 아 니며 모든 사람도 아니다. 그들은 불특정 다수이다. 우리는 일상의 모든 판단을 그들 의 뜻에 따라 결정한다. 하이데거(Martin Heidegger), 존재와 시간 자신에 대한 오 류는 어느 순간 드러난다. 자유로움의 주체, 나를 모르는데, 자유 로울 수는 없지 않겠는가? 오류투성이 [나]로부터의 탈출에 관 하여 그는 이렇게 말했다.

자신만의 삶을 찾아 나섬, 이것이 인간이 실존(實存)할 수 있는 유일한 방법이다. 어떤 것에도 방해받지 않는 근원적인 자 유, 비록 풍족하지 않아도 일상적 삶에서 벗어나 자신만의 고유 한 삶을 사는 것, 이것이 실존의 방식이다. 우리는 정말로 실존하 고 있는가? 그들이 방해하는가? 불행과 가난이 방해하는가?

여기에 한가지 비밀이 있다. 그것은 사람들의 실존적 삶을 두려워하는 소수의 힘 있는 자들이 있고, 그들은 이 아름답고 창조적 삶을 우리 사람들에게 주고 싶어 하지 않는다는 것이다. 실존적 자아를 가진 자는 그들의 의도대로 지배할 수 없기 때문이다. 우리는 훌륭한 예지자를 예링(Rudolf von Jhering), 권리를 위한 투쟁 이미 100년 전에 가지고 있다. 우리가 모두 삶으로부터 위임받은 법의 집행자요, 수호자이다. 자유와 자유 정신을 위한 투쟁은 선택이 아니라 의무임을 잊지 말 일이다.

10. 어지러움

조금 후, 시에 대하여 자부심이 가득 찬 어느 시인이 우리가 겪는 가치의 혼돈에 관하여 물었고 붉게빛남은 선악의 불분명함에 기인한 가치 혼돈에 대하여 이렇게 말했다.

가치의 양립에 대한 사람의 반응은 어지럼증으로 나타난다. 옳고 그름에 대한 절대성의 부재, 즉 변덕스러운 상대적 선의 가치 혼돈은 사람의 행동마저 기회주의적 애매함으로 바꾸어 버렸다. 이제 사람은 자신의 행동에 대하여 그것을 평가해줄 절대자에 매달리는 수밖에 없을 것 같다.

절대성의 부재는 곧 파멸임에도 불구하고 저 유명한 평민주의의 저급한 이상향에 마약에 중독된 것과 같이 스며들어 갔다. 이 파멸에서 벗어나려면 새로운 전환, 절대 선, 절대 가치, 절대적 아름다움, 절대 철학의 추구가 필요하다. 이 절대성으로의 전환에는 적어도 한 세대 이상의 시간이 소요될 것이다.

우리는 절대성을 주장해야 한다. 절대성을 추구하지 않는 것은 나태함에 기인한다. 나도 옳고, 너도 옳은 것은 아니다. 자유 정신을 탐구하지만, 우리 목표는 절대적 진리임을 잊어서는

안 된다. 절대성 부재에 의한 어지러움, 바로 이것이 우리가 겪고 있는 가치 혼돈의 원인이다.

11. 억압의 수단

이때, 한 도덕주의자가 도덕을 통하여 세상의 절대성을 만들어 갈 수도 있지 않은지 물었다. 시인도 이 말에 동의하며 자신의 시를 사람들에게 들려주었다. 그의 시는 따뜻하고 선한 덕을 그리고 있는 것 같았다.

"저 구름이 보는 것 알고 있나요. | 내 생각엔 아마도 모를 거예요. | 따뜻한 가을 햇살 밀려오듯이 | 그리움이 반가움이 가슴 가득히. | 붉은 잎에 예쁜 입술 떠오릅니다. | 노란 잎에 예쁜 미소 같이 웃어요. 따뜻한 눈 마주치면 달콤한 아픔. | 가을비 내려와 붉은 잎 젖고 | 노란 잎 살짝 떨어지면은 | 선하고 따뜻한 웃는 눈으로 | 말없이 내 모습을 보아주세요."

시에서처럼 우리는 모두 좋은 사람, 선한 사람, 따뜻한 사람으로 가득한 세상을 꿈꾸지 않겠는가? 하지만 삶은 그렇지만은 않다는 것 또한 잘 알고 있지 않은가? 그는 이렇게 말했다.

시대에 따라 변화하는 도덕적 가치는 이미 그 의미를 상실한다. 오히려 그것은 도덕의 이름으로 위장된 억압의 수단으로 전락하기 쉽다. 도덕은 그 상대성으로 인하여 그 가치가 혼돈되고 있다. 시대에 따라 변화하는 도덕적 가치 속에서 인간은 절대적인 도덕을 망각했고 도덕의 의미조차 망각하고 있다. 이제 우리가 간과해온 것에 눈을 돌려야 한다.

도덕은 결국 억압이다. 이는 여러 철학자가 이야기했고 역사적으로 증명된 사실이다. 그는 다시 이야기를 이어갔다.

진정한 도덕은 시대에 따라 변하지 않는 인간의 행동과 사유의 가치 기준이어야 한다. 그러므로 우리는 도덕적 기준을 정확하게 설정할 수 있는 절대적 도덕 개념을 먼저 생각해야 한다. 이미 플라톤으로부터 시작되어 푸코까지 이어진 도덕 가치 부정은 가치 변화에 대한 반감에서 시작된 것이다. 이렇게 우리는 도덕 가치 혼란에 기인한 도덕 기준 부재 속에서 살아가고 있다. 이 기준 부재는 삶을 혼란스럽게 하며, 삶의 목표 또한 파괴할 것이다.

그는 잠시 침묵하다가 이렇게 말했다.

　그렇다. 도덕을 통하여도 세상의 절대성을 만들어 갈 수 있다. 자유 정신을 가진 자라면 자신만의 절대적 도덕, 절대적 진리를 찾아 떠나라. 바로 지금, 그 답을 찾아 험난한 길을 출발하라.

12. 위장된 도덕과 절대적 도덕

그렇다면 절대적 도덕이란 무엇인가? 붉게 빛남은 이 질
문에 이렇게 말했다.

우리는 도덕의 절대성을 상실함으로써, 시대에 적합한 위
장된 도덕만 남게 되었다. 이 위장된 도덕은 파괴되어야 한다. 거
짓들이 파괴된 후에야, 드디어 절대적 도덕이 드러나게 될 것이
다. 위장된 도덕 파괴자의 역할은 새로운 시대를 여는 무변(無變)
의 [역사 창조자]의 역할이다. 그리고 더욱 중요한 것은 변치 않
는 가치를 확고히 해주는 그 시대 무변의 [가치 창조자]의 역할
을 한다는 것이다.

위장된 도덕을 파괴하라. 지금 우리에게 위장된 도덕은
무엇인가? 지금 우리 사람을 불행하게 하는 위장된 도덕은 무엇
인가? 나를 잃게 만드는 것, 의미 없이 조직과 국가를 위해 자신
을 희생하는 것, 성실함으로 위장된 극히 제한된 자유 정신, 이것
이 위장된 도덕인가?

이제, 우리는 영원한 도덕을 추구할 것이며, 또한 영원한
도덕적 가치 발굴자로서 역할을 충실히 수행할 것이다. 도덕은
절대적 가치이며, 그 절대성이 무너지면 도덕은 가치 없는 작은
계략으로 전락한다.

그는 절대적 도덕에 대하여 이렇게 말했다.

도덕의 근원은 인간의 삶에 대한 자유에의 의지로부터 유래된 것이며 이로부터 절대적 도덕에 대한 조망과 접근이 가능하다. 그러므로 절대적 도덕은 인간의 자유로운 삶과 관련된 것이어야 하며 인간을 세련되고 문화적으로 보이게 하는 억압적 수단과는 거리가 먼 것이다. 그러므로 가장 세련되고 문화적인 그리고 교양 있는 부류의 인간은 대부분 가장 위선적인 도덕 신봉자일 뿐 아니라 또한 가장 비도덕적인 인간인 경우가 많다. 이들은 조심하는 것이 좋다.

잠시 침묵 후, 그는 조용한 목소리로 다시 이렇게 말했다.

절대적 도덕과 만나기 위해 사람들로부터 자신을 독립시킬 필요가 있다. 사람은 자신의 주변 사람을 자신의 세계 속에 머물도록 끊임없이 우리 정신을 중독시키기 때문이다. 머뭇거리지 말고 자신을 향해, 잃어버린 나를 찾아서, 그리고 그 속에 숨어 있는 절대 도덕을 향해 나아가라. 도시 속 사람 사이에서도 깊은 산 속 고독 속에서도 항상 변치 않는 절대 가치를 찾아서.

13. 파괴적 지식

산장 카페 앞, 산이 보이는 곳에서 저녁 바람을 맞으며 모두 그의 말을 듣고 있다. 철학을 공부하고 있는 자가 철학에 관하여 공부해 왔으나, 철학이 우리 삶에 어떻게 도움을 주는지 혼란스럽다고 물었다.

대상의 물(物) 자체로서의 개념과 나타나는 바대로의 개념과의 통일을 [통합 개념]이라고 한다. 그러나 우리는 인간 이성으로서 도달하려는 통합 개념의 추구로부터 도피하기 시작했다. 아니, 이제 우리 사회에서는 도피할 수밖에 없다. 사실 통합 개념이야말로 철학의 실제적 본질이라 할 수 있다. 통합 개념에 대한 탐구는 인류 역사 이래로 계속되어 왔다. 하지만 우리 시대에는 이런 탐구자의 계보가 위태롭다. 지금 우리 대부분은 그럴 만한 자유가 없고 힘도 없다. 본질을 관통하지 못하는 철학이 어떻게 우리 삶에 도움이 되겠는가?

붉게빛남, 우리 자유와 힘을 회복시키는 것이 그의 의도임은 틀림없다.

물(物) 자체에 대한 직관 의존성으로부터 파생된 물(物)에 대한 [선험적 사유]와 물(物) 자체에 대한 사유 통일에 기인한 [관념적 사유], 이 모든 것이 물(物)의 본질에 대한 인간 노력의 흔적이었다. 이 노력을 통하여 인간은 생존해 왔다. 철학은 삶의 장식품이 아니라, 우리 삶의 근원이다. 철학은 삶 자체이다. 그러나 우리는 나태해졌고 힘의 결여와 한가로운 시간, 자유의 부족은 일을 더 어렵게 만들고 있다. 사람은 한가로울 때 비로소 인식의 욕구가 증대되기 때문이다.

나는 한가한가? 한가할 때 무엇을 하는가? 그는 우리 시대의 몸만 바삐 움직이는 정신적 나태함을 비판하고 있다.

사물의 본질에 대한 답은 각 시대 철학에 따라 최선의 노력으로 각각 달리 해석되어 왔다. 그러나 우리 시대에는 새롭게 해석된 철학적 사유를 발견하기 어렵다. 우리 시대는 현상론적 답에 만족하며, 더 이상의 탐구는 쓸모없는 것으로 돌려 버렸기 때문이다. 이것은 인간 자신에 대한 정복의 역사에서 탈진한 우리는 자신의 것 이외의 것에 대하여 정복을 시도하고 있는지 모른다. 많은 부분을 정복한 것은 사실이다. 하지만 우리 삶 자체와 목적은 변화에 필요한 철학적 자기화 시간이 절대적으로 부족하다. 완전한 자기화의 결여, 이로 인해 인간의 모든 성과는 불완전하고 파괴적일 수밖에 없다.

그리고 그는 이렇게 말했다.

불완전성은 항상 파괴적 요소를 포함한다. 이는 철학을 무용지물로 만든다. 이제 시간이 많지 않다. 모든 것이 파괴되기 전에, 삶을 재건하기 위해 우리 시대를 유지할 사물의 본질 탐구를 다시 시작해야 한다. 무엇이 우리에게 필요한 것인지에 대한 인식마저 파괴되기 전에.

우리 상황이 그렇게 어려운 것인가? 주변은 아무 일 없이 그대로 흘러가고 있지 않은가? 과연 우리 삶과 사회는 이미 파괴의 징후들이 보이는 것인가?

14. 파멸의 징후

　　산은 이제 그 푸르름이 어둠에 가려지고 있었고 소나무 향이 바람과 함께 흩뿌려졌다. 철학을 공부하는 자는 자신이 공부하는 철학은 이미 지난 시대의 것이며 우리 시대의 철학을 새롭게 만들어야 한다는 것을 이해한 듯하다. 그는 다시 지금까지 인간의 역사는 올바르게 발전해 왔는지를 물었다. 붉게빛남은 산을 보면서 이렇게 말했다.

　　우리는 기억해야 한다. 파괴적 불완전성은 그 성과로부터 인간을 향상하는 것보다 퇴보시키는 역할을 할 것을. 역사를 통하여 우리를 발전시킨 것으로 생각하였던 것들이 우리 삶을 진정으로 향상하는가에 대한 재평가가 필요하다. 지금 우리가 이룩해 놓은 문명과 삶은 최선의 선택이었는가? 좀 더 다른 세계가 지금 도래되어 있지는 않았겠는가? 현대 문명이 나아가는 대로 우리 삶을 맡겨도 좋은가?

　　그렇다고 그는 무엇인가 요구하는 듯한 어투로 말하지는 않았다.

　　인간의 미래를 결정하는 사명을 가진 자는 우리 미래를 이대로 흘러가도록 내버려 둘 수는 없다는 것을 인지해야 한다.

삶은 대상(對象)에 대한 정복과 자신(自身)에 대한 정복이 균형을 이루도록 그 발전이 조절되어야 한다. 이 균형이 깨지면 파멸의 징후들이 즉시 우리를 압박할 것이다.

그리고 부드러운 미풍과 같은 목소리로 다시 이렇게 말했다.

무엇을 해야 할 것인가. 이제 인간 본질에 대한 정복에 우리의 힘을 모을 때가 되었다. 우리 사유 세계를 성찰하여 그 사유 세계가 우리의 행동과 삶에 어떻게 작용하는지를 파악해야 한다. 존재와 의지에 대한 인식으로 삶의 세계를 사유하라. 그 사유로부터 진정한 삶의 자유를 획득할 수 있는 우리 삶의 실존적 공간 [나]를 구성하려는 시도를 시작하라.

이 삶의 사유 공간이 바로 잃어버린 자유 정신으로 가득 찬 존재 [나]인가?

인간의 문명은 발전을 멈추고 어느 정도 파괴와 퇴보의 시간을 가질 것이 분명하다. 시급히 인간의 총체적 균형을 성취하기 위한 인간 본질에 대한 탐구를 완성해야 할 것이다.

그리고 그는 이미 어두워진 바람에 흔들리는 늦은 가을 산 아래서 천천히 이렇게 말했다.

아직 늦지는 않았지만, 우리 자신을 찾기 위한 '통합 사유 철학 완성' 의지에 더 이상의 나태함은 허용되지 않을 것이다.

15. 삶의 오류에의 저항

조금 후, 예술을 공부하는 자가 우리 삶이 무엇인가 잘못되어가고 있는 것은 분명한 것 같은데 그렇다면 지금 즉시 우리가 해야 하는 일은 무엇인지에 관하여 물었다. 붉게빛남은 지금 바로 할 수 있는 것에 대한 질문에 이렇게 말했다.

고양된 정신의 본질은 [힘]으로써 나타난다. 그런데 삶의 기능적 단순 복합체로 잘못 인식된 힘의 본질은 물질적 풍요의 결과와 중요성을 사람에게 지나치게 주지시켰다. 이로 말미암아 대부분의 사람은 자신이 힘의 부재 속에 빠져 있는 듯한 느낌이 들며, 이는 삶에 대한 부정으로 확대되고 있다. 이와 같은 삶의 파괴 과정에서 우리는 절망할 수밖에 없으며, 절망으로 가득 찬 세계 속에서 무의지는 삶 자체를 의미 없는 혼돈의 세계로 전락시킨다. 이에 대한 구체적 징후는 삶의 불안과 사람의 폭력성으로서 이미 나타나고 있다.

삶은 이미 붕괴하고 있는가? 그는 이렇게 말했다.

이제 고양된 정신의 소유자가 가지는 미래에 관한 대안은 자신 속에 내재하는 힘을 발견하려는 의지로 표출할 수밖에 없다. 사람을 이끌어갈 자들은 침묵의 바다로 침잠하여 변화를 가

능하게 하는 능력과 힘을 키워야 한다. 사람들로부터 선망이 되어온 물질적 풍요와 허세적 권력 그리고 거짓 명예, 이 힘의 오류를 뒤엎어 버리고, 사람들이 이 오류에 저항할 수 있도록 그들을 설득하고 인도하는 것이 우리가 지금 해야 할 일이다.

　그는 우리가 모두 삶의 인도자가 되기를 권유하고 있다. 그의 말대로라면 우리를 고난의 길로 유혹하고 있지 않은가?

자유정신을 통한 존재의 탐구

16. 창조적 힘

　밤이 되니 가을 산 공기는 차가워졌다. 사람들 모두 자신의 존재를 누르는 무거움의 실체에 대하여 파악하고 싶어 했다. 나무를 모아 장작을 피우고 모두 모닥불 주변으로 모여들었다. 연극을 공부하는 예술가가 사람을 이끌 창조적 힘이 무엇인지에 관하여 물었다. 이 물음에 붉게빛남은 이렇게 답했다.

　힘의 본질에 대한 사람들의 오류로부터 삶은 투쟁의 장으로 전락하였다. 우리는 이를 본래의 온화하고 부드러운 봄의 기운과도 같은 창조의 근원으로 변화시켜야 한다. 이를 위하여 우선 창조적 힘의 본질을 정확히 인식해야 한다. 창조적 힘은 우리의 사유, 행동, 삶을 통합하여 자신의 사유를 삶과 일치시키는 힘을 말한다. 즉 이를 통하여 생각과 행동을 일치시키는 것이다. 그리고 이로부터 자신의 삶을 창조적으로 변화시키는 능력이 비로소 시작된다.

　생각과 행동을 일치시킬 수 있는 능력이 있어야 비로소 창조적일 수 있다. 생각이 모여 삶이 되는 것이 아니라, 행동이 모여 삶이 되는 것이다. 생각이 결여된 행동은 사람을 특징 지울

수 없다. 사유와 행동의 일치를 통하여 자기 존재가 탄생하며, 그 탄생으로부터 비로소 새로운 창조가 발생할 것이다. 그리고 그 는 이렇게 말했다.

이것이 가능하다면, 드디어 인간 일반의 삶을 자신의 삶 과 통합하기 위한 자기 사유 공간과 인간 일 사유 공간을 연결할 수 있는 사유 능력이 준비된 것이다. 그럼으로써 자기 사유가 자 신만의 사유가 아닌 인간 일반의 사유로 변환한다. 이 변환을 통 하여 자기 삶에 대한 의지가 인간 전체의 삶을 변화시킬 수 있는 창조적 힘으로 전환된다. 내 삶이 그들 모두의 삶과 일치되는 것 이다.

자신을 통하여 인간 일반의 삶을 바꾼다는 말인가? 그의 말은 자신 속에 있는 인간 일반의 본성을 찾아 그것을 의지(意志) 하면 모든 인간 일반 삶의 의지를 대변하고 구현할 수 있다는 것 이다. 즉, 자신 속에 숨어있는 인간 일반의 본성을 찾는 것이 바 로 우리 삶 전반을 창조적으로 바꿀 수 있는 기반이다. 사람의 삶 을 진전시키지 않으면 그것은 창조가 아니라 파괴일 뿐이기 때 문이다. 붉게 빛남은 이렇게 말했다.

인간의 역사가 지속하려면 신이 창조했던 것과 크게 다르 지 않은 창조가 지속하여야 한다.

17. 은밀한 의도

밤이 깊어지고 멀리 떨어진 계곡으로부터 물소리가 들린다. 그 소리는 시간을 느끼고 해준다. 이때, 정의를 공부하는 자가 우리는 지금 어디로 가고 있는지, 우리는 행복을 찾아가는지 아니면 풍요로움만을 찾아가는지, 도대체 자신과 그리고 사람들은 어디로 가고 있는지를 물었다. 이 물음에 붉게빛남은 이렇게 말했다.

우리에게서 진정한 힘에의 의지를 찾아보기가 어렵게 된 것은 사실이다. 곳곳에서의 억압이 우리 힘을 말살시키고 우리 모두를 우민화(愚民化)시켜 버린다. 사람은 자신의 정신적 사유 세계를 넓혀 극한적 사유 능력을 배양시키는 노력을 포기하고 주어진 삶을 반복하는데 만족하려는 자기 최면에 빠져 있다. 이 최면은 인간의 사회적, 개인적 욕구를 어느 정도 충족시켜줌으로써 그것을 벗어나려는 시도를 억압한다. 우리를 그들억압자의 도구로 전락시키려는 의도가 은밀하게 진행되고 있다. 사실, 이런 시도는 눈 뜬 자라면 누구라도 알 정도로 역사적으로 여기저기 뿌리 깊이 박혀있고, 여러 번 위대한 철학자에 의해 이미 경고되었다.

이는 국가 권력자들과 힘없는 민중 사이만의 문제만은 아님을 직시해야 한다. 지배 본능은 동물적 본능이며, 조금의 힘만

있다면 모두 이를 모방하고 사용하려 열심이다. 주변을 둘러보면 모두 이런 자투성이지 않는가? 우리 일터에서 집에서 그리고 아주 작은 집단에서까지 타인을 지배하려 하는 어리석고 비열한 인간이 너무 쉽게 눈에 띈다. 그는 우리 모두 이 본능에 자유롭지 못함을 경고하고 있다. 그리고 그는 이렇게 말했다.

　　우리는 사회적 욕구와 욕망을 과감히 포기함으로써 억압으로부터 탈출이 어느 정도 가능하다. 그러나 이것은 쉽지 않은 첫 번째 시련이다. 이를 견디고 일단 억압으로부터의 탈출에 성공해도 그는 대중으로부터 자신들과의 이질적 상태에 대한 질시의 눈총을 우선 받게 되며, 그들에게 소외되는 두 번째의 시련을 겪게 될 것이다. 그들은 이탈자의 성공을 내버려 두지 않으며 그를 철저히 파괴하여 자기들 삶의 합리성을 간접적으로 증명하려 노력할 것이다.

　　어리석은 권력에의 의지와 본능도 문제이지만, 인간의 무리 본능도 우리를 자유로부터 속박하는 원인이다. 권력자는 권력자대로, 힘없는 민중은 민중대로 모두, 타자가 아닌 바로 자신이 인간의 자유를 속박하는 원인이 될 수 있음을 자각해야 한다.

이제 그 두려움을 극복하자. 이탈의 성공으로부터 드디어 그들과 독립한 삶에 대한 창조적 능력을 가질 수 있고 이와 더불어 억압자와 억압 속의 고통 받는 자의 삶을 이끌 수 있는 능력도 비로소 가질 수 있다. 억압으로부터의 탈주자, 이탈자여, 두려워 말라. 그야말로 진정한 자유로운 삶의 인도자로서 우리 모두에게 삶의 진정한 가치를 부여할 것이다. 우리는 그를 기다린다.

우리가 모두 삶의 교육자, 인도자가 되어야 한다. 단 몇 사람의 교육자가 우리 민중의 삶 모두를 바꿀 수는 없다. 고난과 고통 속에 있는 바로 우리 민중 모두가 스스로 삶의 인도자가 되기를 붉게 빛남은 조용히 주장하고 있다.

18. 철학적 사유의 빈곤함

　　잠시 침묵의 시간 후, 어느 시인이 세상은 깃털처럼 가볍고 바람처럼 경쾌한 것 아닌지 그리고 세상은 아름답고 단순한 것일 수도 있지 않은지 물었다. 그러면서 아름답고 경쾌한 삶을 묘사한 자신의 시를 사람들에게 들려주었다.

"구름 위 너무 진한 주황이어서, 가볍게 문질러 옅게 했어요. | 그 위에 파란 하늘 번질까 봐서, 조심스레 조금씩 옅게 했지요. | 그래도 주황 밑 짙은 구름엔, 잘못해 조금은 번져 버렸죠. | 왼쪽은 조금은 잘못했어요. 주황 속 검정 선이 생겨 버렸죠. | 그래도 파랑에는 실수 안 했죠. 왼쪽 주황 오른 주황 너무 달라서 | 다시 한번 가볍게 손을 댑니다. 이제는 부드럽게 연결됐어요. | 파란색 두 부분도 색깔 달라서, 어떻게 해 보려 생각하다가 | 혹시나 얼룩질까 포기했어요. 마르면서 색깔이 변해 갑니다. | 진한 회색 주황색에 번져 가면서, 색깔이 조금씩 진해졌어요. | 그래도 파란색은 점점 더 파랑. 아름다워 눈물 난 듯 번져 보여요. | 번진 회색 고치려 굵은 붓으로, 한번에 용기 내어 그었습니다. | 아직도 조금은 층이 있지만, 번진 색 조금은 나아졌어요. | 더 이상 그리면 잘못될까 봐, 주황 종이 가만히 접어 둡니다. | 궁금해도 가만히 접어 둡니다."

아름다운 노을을 그린 시이지만 우리 삶과 닮았다. 시인의 말대로 삶을 있는 그대로 가볍게 보고, 그렇게 사는 것으로 충분할 수도 있지 않은가? 붉게빛남은 삶의 무게에 대하여 이렇게 말했다.

목적의식 결여로부터 나오는 우리 세대 [삶의 방황]과 세대 간의 의식 차에 의한 [삶의 부조화]가 우리 삶을 무너뜨리고 있다. 이때 무력하고 완전치 않은 이상주의자의 영향 아래, 젊은 이는 하나씩 병들어가고 있다. 무엇이 잘못되어가고 있는지조차 모르는 젊은 세대를 보면서 그들을 바로 잡아 주어야겠다는 깊은 내면의 요구에도 불구하고, 그들을 설득시킬 정신적 근원을 찾지 못하고 있다. 불안정한 세대 간의 부조화는 결국 삶의 분열로 이어질 것임에도 이로부터 탈출을 시도하려는 노력을 찾아보기 어렵다. 젊은이에게 목적의식을 주지 못하게 된 이유는 바로 우리 세대, 정신적으로 나태하고 가치 철학의 귀중함을 망각한 바로 우리에게 책임이 있다.

우리 삶을 가볍고, 경쾌한 것으로 생각하기에는 우리 민중, 삶의 격차가 너무도 크다. 삶이 가벼워지기 위해서는 준비할 것이 있기 마련이다. 그는 우리 삶은 그렇게 가볍지만은 않음에 관하여 이렇게 말했다.

우리 세대, 철학 사유의 빈곤은 쉽게 이루어질 수 있는 풍요로움의 목표를 향해 자신들을 매진케 했다. 젊은 세대들은 혼란 속에 병들어가고 있다. 우리가 삶을 가볍게 봐서는 안 되는 이유이다. 아니 어쩌면 이는 인류 역사 대부분의 시대에 해당할지도 모른다. 사실 지금 우리 시대만의 문제는 아니다.

잠시 후, 그는 이렇게 말했다.

우리가 잊지 말아야 할 것은 인간의 역사상 가장 귀중하고 발전된 시대의 공통점은 삶의 가치문제가 깊이 대두된 때였다는 것이다. 나를 위하여, 우리를 위하여, 현재를 위하여, 미래를 위하여, 조금 무겁게 느껴질 수 있지만, 삶의 가치문제에 침잠하라. 무엇을 위해 지금 이 일과 이 행동을 하고 있는지, 도대체 무엇을 위해서인지를 사유하라. 자유정신을 가진 [나]를 찾아 나서라. 그 진정한 [나]를 위하여 삶을 만들어 가라. 목적의식의 주관자, 그 실체, 실존을 찾아라.

19. 삶의 목적

시인은 삶의 가벼움과 자유정신에 대하여 생각하는 듯했다. 그는 계속해서 삶의 목적에 관하여 물었고, 붉게 빛남은 이렇게 말했다.

기존 세대의 삶의 목적은 풍요로운 세계의 건설이었으며 물질적 풍요로움이 가져다주는 이상향의 환각 속으로 자신을 몰두시켰다. 그런데 이 환상은 인간의 정신적 풍요로움 즉 자유롭고 창조적인 삶의 실현을 통한 여유롭고 부드러운 미소를 띤 풍요로움을 망각하게 했다.

깊은 내면의 세계로부터 자신의 길을 인도하는 듯한 자연스러움으로 자신의 삶을 구성해 나가는 이상적 세대는 새로운 세대에게 인간의 목적의식을 다양하게 부각한다. 목적의식은 우리의 생존을 결정하는 중요한 의식이다. 왜냐하면 목적의식은 새로운 세대의 삶의 방향을 결정함과 동시에 바로 우리 모두의 미래를 결정하는 역할을 수행하기 때문이다.

그리고 그는 이렇게 말했다.

불완전한 기존 세대로부터 산출된 기형적 세대의 특징은 목적의식의 결여로 집약된다. 이들의 삶의 목적은 삶의 풍요로움이기보다는 탐욕스러운 소유에 가깝다. 이는 그들에게 진정한 삶의 목적을 인도하는 삶의 교육자 부재에 기인했을지도 모른다. 이 목적의식의 오류는 소중한 친구, 민중을 사회 목적 실현을 위한 도구로 전락시켰다. 보통, 정신을 인도할 수 없는 자들은 억압으로 인간을 굴복시키게 되며 이때 억압을 위해 가장 손쉬운 방법은 사람을 구성원화하는 것이다.

목적 의식을 잃고 방황하면 어리석고 탐욕스러운 자의 의도대로 우리 삶은 힘을 잃어갈 것이다. 그리고 그는 이렇게 말했다.

자유정신을 가진 삶의 안내자 또는 인도자의 목적은 사명감을 가지고 인간 가치와 사유 세계를 새로운 세대에게 교육하고 전달해야 한다는 것이다. 또한 삶에서 자유로움의 가치를 인식하게 하고 모든 사람이 자신의 위대한 창조적 능력을 발휘할 수 있도록 그리고 모두가 정신적 풍요로움의 진정한 의미를 다시 인식할 수 있도록 그들을 끝까지 돕는 것이다.

그런데, 과연 우리가 억압으로부터 벗어날 수 있을 것인

가? 그것이 가능한 일인가? 그는 다시 이렇게 말했다.

어차피 사라져 버릴 물질적 풍요를 위해 삶의 전부를 희생한다는 것은 너무 부조리하지 않은가? 무언가 잘못된 것 아닌가? 우리에게 그렇게 많은 시간이 허용되어 있지 않다. 자신의 자유를 위해 투쟁하라. 풍요 속에서 은밀히 억압된 자유를 되찾기 위해 투쟁하라.

그의 말에 절실함이 보인다.

20. 사람들의 소음

밤이 깊어졌다. 내일 산에 오르기 위한 준비를 해야 할 시간이다. 이제 오늘 마지막 물음인 듯하다. 사람과의 관계가 삶의 가장 중요한 목적이라고 생각한다는 자가 타인에게 유익한 이야기, 작지만 즐거운 이야기를 하는 것이 삶의 목적으로써 필요한 것 아닌지 물었다. 붉게빛남은 모두에게 이렇게 말했다.

무엇이 사람에 유익한 이야기인가? 무엇이 사람에 즐거운 이야기인가? 지금 어떤 이야기가 사람 사이에서 오가고 있는가? 쓸모없는 정치 세계의 작은 사건을 아는 것이 자랑스러운가? 역사 속에서 잊혀 버릴 문제들에 대한 지식을 마치 자신이 살아 있다는 증거이듯이 정성껏 이야기하는가? 정치적 사건의 나열을 머릿속에 기억하고 있는 것이 자랑스러운가? 모든 세상의 중대사가 자신의 머릿속에 들어 있고 자신에게 역사를 평가할 수 있는 능력이 있는 듯한 착각에 빠져 있는가? 한 정치가의 작은 에피소드나 단점을 하나 알게 되면, 만나는 모든 사람마다 이야기하여 자신의 박식함을 자랑하는가? 어디선가에서 들은 역사에 대한 오류를 열심히 지적하는가? 이런 암기된 지식에 대하여 반론이라도 하게 되면, 마치 이 시대에서 살 가치도 없는 자이기라도 한 것처럼, 비웃음으로 고개를 돌려 버리는가?

현세대같이 사람들이 말이 많은 시절도 없으나 현세대같이 귀를 막고 다녀야 하는 시대도 없다.

그는 이렇게 말했다. 그가 사람들을 즐겁게 하고 유익한 정보를 주는 것의 가치를 부정한 것은 아니다. 그는 사람들을 즐겁게 하지 않고 유익하지 않은 지식을 전달하는데 열심인 자들이 너무 많다는 것을 말하는 것이다. 이는 우리 모두의 이야기이다.

II 장. 사람을 목적하다

다른 사람들을 다 속여도 나 자신을 속일 수는 없다.
속이는 나와 그것을 알아채는 나 중에서 누가 [나]인가.

고귀함을 통한 존재의 탐구

과거를 창조하다. - 우리는 우리가 선택한 결정들에 의해
구성된 과거들과 싸워야 한다. 과거를 창조함은 자신이 결
정한 일에 의해 구성된 삶을 의미 있게 하여, 과거의 결정에
새로운 의미를 부여하는 과정이다.

21. 묵언

그의 말은 나를 실존 [나]로 끌어들인다. 이른 아침, 모두 작은 광장에 모였다. 아름다운 시를 쓰는 자, 정의를 탐구하는 자, 도덕에 열심인 자, 예술을 사랑하는 자, 철학을 공부하는 자, 사람과의 관계를 중요하게 생각하는 자가 보인다.

자신을 사람의 더 나은 삶을 위해 일하고 있다는 어느 정치가가 자신은 사람을 위해 일하려고 하며 그 일을 고귀한 일이라고 생각하는데, 그들은 그 일을 자신이 생각하는 것만큼 중요하다고 여기지 않는 이유에 관하여 물었다. 붉게 빛남은 이렇게 답했다.

민중의 이야기는 시대를 대표한다. 민중의 이야기에는 삶의 기준이 있다. 이와 같은 민중 시대는 인간의 역사상 많지는 않았지만, 우리 세대에 들어서 삶을 인도할 수 있는 철학자의 부재는 민중 시대의 부활을 더욱더 어렵게 하고 있다. 고귀한 철학적 민중 사회는 민중을 이끄는 시대 철학자를 필요로 한다.

하지만 우리가 지혜를 사랑하지 않는 한, 철학자는 오래
지 않아 우리 곁을 떠날 것이다. 우리가 모두 삶의 교육자, 인도
자가 될 수는 없다. 하지만 고귀한 민중 사회에서 우리를 이끄는
삶의 본질적 영역에 대해 사유하고, 함께 이야기 나눌 수 있어야
한다. 사람을 위한다고 하는 정치가는 사실 민중이 무엇을 원하
는지 잘 모르기 때문에 그들이 바라는 바가 무엇인지 알고 있는
정치가는 잘 보이지 않는다. 민중이 진정으로 원하는 것은 정치
가가 생각하는 것을 훨씬 초월해 있기 때문이다. 사실, 민중은 철
학을 원한다. 민중은 고귀한 정신을 원한다.

그의 생각은 민중 모두의 세상을 만들어 가자는 것이다.
사실 이는 정치가들이 바라는 바가 아니다. 정치가는 자신이 주
역이어야 하고 민중은 자신을 지지해 주기만 하면 된다고 생각
하지 않는가? 그리고 그는 이렇게 말했다.

삶의 본질적 가치를 중시하는 철학적 민중 세계의 복원
에는 많은 시간이 소요될 것이다. 사람은 자신을 이끌어주는 자
가 없으면 자신의 성찰되지 않은 사유를 진리로 받아들이려 한
다. 불완전한 사유는 진리를 단순히 그리고 의미 없이 개별화시
킬 뿐이다. 더욱더 나쁜 것은 깊이 성찰하지 못한 개별화된 사유
를 가치 있는 것으로 착각하도록 다른 사람을 선동하는 것이다.
이렇게 되면 삶의 회복에 훨씬 더 많은 시간이 필요할 것이다.

그리고 잠시 후 천천히 이렇게 말했다.

우리는 자신의 불완전한 사유에 집착하여 타인을 배척하며 사람 간의 벽을 만들고 결국 민중의 분열을 야기한다. 깊은 공부가 선행되지 않은 불완전한 생각은 진리를 개별화한다. 생각이 개별성을 가지면 이는 진리와 거리가 멀어진다. 자신의 생각이 다수의 사람으로부터 지지를 받지 못한다면, 진리로부터 멀어져 있다고 보면 된다. 그러나 개인주의는 이를 인정하지 않는다. 고집 센 개인주의자를 대상으로 한 어떠한 철학적 시도도 성공하기는 어렵다.

우리는 자신을 돌아봐야 한다. 그는 이렇게 말했다.

우리는 이미 민중 분열 현상을 겪고 있다. 그런데 이 현상이 개별 개성으로 오인되어 확산하고 있다. 개인주의적 민중은 말이 많다. 그들은 자신이 말을 하지 않으면 타자에게 정복당할 것으로 생각되어 말을 많이 한다. 이제 말을 많이 하지 않는 자는 자신의 사유 결함에 기인한 소극적 인간으로 전락하여 버릴 어처구니없는 운명이다.

현시대에는 말을 하지 않는 것도 중요하지만 귀를 막는 것도 중요하다.

쓸모없는 말에 시간을 허비하지 말 것. 이는 사람들에게 성찰과 사유의 시간을 주기 위해 그리고 중요한 것이 무엇인지를 생각하게 하기 위함임을 잊지 말 것. 이제 우리의 중요한 사명 중 하나는 잘못된 지식으로 끊임없이 말하는 사람들이 입을 다물도록 해야 함을 잊지 말 것. 그는 이렇게 말했다.

22. 진정한 교육자

　이때, 도덕을 가르치고 있는 자가 고귀한 정신은 이미 우리 교육자도 가르치고 있지 않은지, 그런데 우리 삶이 전혀 변하지 않는 것은 무슨 이유인지에 관하여 물었다. 하늘은 이제 아침 노을로 주황색으로 변했다. 붉게빛남은 천천히 이렇게 말했다.

　고귀한 삶을 가르치는 자를 찾기 어려운 시대에 젊은 세대가 배울 수 있는 것은 선별된 책을 통해서 밖에는 없다. 수많은 과학적 지식과 학문의 전파에 열심인 많은 교육자는 이제 자신의 지식과 교육에 대하여 다시 생각해야 할 것이다. 그들은 무엇을 가르치는가? 자신이 알고 있는 것 그리고 암기하고 있는 지식을 전달했는가? 존경받을 만한 교육자, 그들은 스스로 많은 것을 가르쳤다고는 하지만 도대체 무엇을 가르쳤는가? 젊은 세대가 깊은 사유를 통해 자신의 고귀한 삶을 창조할 수 있도록 하는데 교육자는 무엇을 준비했는가? 사물을 깊게 인식하고 자신의 존재 속으로 침잠시키는 교육 과정은 있기는 한가?

　아무도 쉽게 부정하지는 못할 것이다. 자기 존재 속으로 침잠시키는 교육이 무엇인지도 모르는 교육자도 있을 것이다.

물론, 이미 알고 있다고 허세를 부리겠지만. 그는 다시 말을 이어
갔다.

　　삶을 깊이 통찰하고 그것을 교육할 수 있는 자는 대부분
깊은 곳으로 숨어 버렸다. 우리는 진정한 교육자를 찾아 나서야
하지 않겠는가? 은둔해 있는 인식자를 찾아, 삶의 파괴 상태, 괴
로운 삶의 노예로 전락한 사람들을 도와주도록 해야 할 것 아닌
가?

　　비록 철학을 배척했던 민중에 의해 고귀함을 가르치는 그
는 파괴되었지만, 민중을 위해 그는 다시 돌아올 것이다. 그는 누
구이고 어디에서 그를 찾아야 할 것인가? 지금 여기에 있는 우리
가 모두 바로 삶의 교육자 그리고 인도자 아닌가?

23. 교육의 역할

도덕을 가르치고 있는 자가 이미 존재하는 교육 구조가 재편이 필요할 정도로 지금의 교육이 그렇게도 문제인지, 현재의 교육 구조와 교육자로 우리는 발전해 오지 않았는지, 반드시 재편이 필요하다면 그 사이 우리 교육은 어떻게 해야 할 것인지에 관하여 다시 물었다. 이 질문에 붉게빛남은 이렇게 말했다.

교육은 사람을 교육자 자신의 사유 세계로 이끌어 자신의 사유를 전달하는 일련의 과정이다. 그러므로 자기 사유 과정을 거치지 않고 완성되지 않은 단순한 지식의 전달은 이미 교육의 본질을 포기한 것이다. 그러므로 완전한 교육을 성취하기 위해 교육자는 우선 자신의 사유 세계를 완성해야 한다.

자기 사유 과정을 거친다는 것의 의미는 무엇인가? 우선 지식의 자기화이다. 지식이 자기화되어 교육자 자신의 사고와 행동까지 자신이 교육하는 내용과 일치할 때 자기 사유 과정을 거쳤다고 이야기할 수 있다. 따라서 타인을 가르치는 교육자가 되기 위해서는 보통 오랜 공부와 준비 기간이 필요하다.

그는 우리 교육의 무력함에 대하여 다시 이렇게 말했다.

고귀함을 통한 존재의 탐구

진리 탐구를 목표로 삼고 있는 교육 기관이 간과해서는 안 되는 중요한 그리고 당연한 두 가지 역할이 있다. 그것은 [진리의 본질을 교육하는 것]과 사람이 자신의 힘으로 진리의 길로 들어설 수 있는 인식 능력을 가질 수 있도록 그들에게 [사유 공간을 제공해주는 것]이다. 그러나 우리 교육 기관은 진리의 본질을 교육하는 데 인색하다. 그뿐 아니라 오히려 진리의 본질에 대한 교육을 너무도 경시한다.

물론 이는 옳고 그른 것에 대한 확신 없이, 지식만을 교육하지 않으면 안 되는 교육자의 권한 영역 축소에 기인하기도 하다. 우리 교육은 지금까지와는 다른 방법을 찾아야 하지 않겠는가?

그는 지금 우리 교육과 본질적으로 다른 교육의 필요성을 주장한다. 새로운 교육 기관의 구성과 실제로 고귀함을 가르칠 교육자를 위한 과정이 필요하다. 진리를 탐구하는 고귀함을 가르치는 교육, 이제 곧 시작되어야 한다고 그는 말했다.

24. 우리 시대의 교육자

그의 말이 끝나자, 철학을 공부하는 자가 그렇다면 우리 교육의 근본 문제가 구체적으로 무엇인지에 관하여 다시 물었다. 붉게빛남은 잠시 침묵 후 이렇게 말했다.

인류의 발전은 교육을 근원으로 하며 교육이 불완전하면 그것이 인간의 역사에 어떻게 작용할지 의문으로 남게 될 것이다. 현재 우리 교육 구조로는 미래 세대를 위한 희망이 보이지 않는다. 20년 동안 대부분 필요 없는 교육을 하는 지금의 교육 과정을 이대로 둘 것인가. 이는 우리 문명의 파괴적 모습에서 이미 확인되고 있지 않은가. 발전하고 있는 듯한 외면적 모습만 보고 그 속 사람의 어려운 삶을 눈감아 버리고 있지는 않은가?

우리 교육은 인식 능력을 배양할 수 있는 사유 공간 제공이라는 최고의 교육적 역할을 망각함으로써 그 핵심 역할이 이미 교육 과정 속에서 삭제되어 버린 지 오래다. 무엇이 우리의 교육을 파멸시켰는가? 인간의 탐욕인가, 무지인가? 하지만 사유를 통한 성찰 능력을 가진 각 시대의 천부적 예지자, 교육자는 항상 존재한다. 이들은 잘못된 교육과는 무관하게 자신을 스스로 교육한다. 불행하게도 이제 사람들이 자신을 향상하는 방법은 자기 교육을 통하는 수밖에 없는 것처럼 보인다. 현재 교육으로는 아무것도 해결할 수 없다는 것을 스스로 인정하는 시기가 곧 도래할 것이다. 이때 교육 과정, 방법 그리고 교육자는 모두 재편해야 할 것이다.

새롭게 재편될 교육 과정을 준비하는 것, 그것이 우리 힘으로 가능할 것인가?

25. 통합 세계

여기 산기슭의 모든 것은 고요하고 햇볕도 따뜻하다. 자연 속의 삶을 추구하는 어떤 자연주의자가 자연을 떠나 사람들과 함께 있을 때 느끼는 '편치 않음'은 어디에서 기원하고 어떻게 해결해야 하는지를 물었다. 그는 조용히 이렇게 답했다.

자연 속 삶은 무변화를 추구하는 삶이고, 변화를 원하는 자는 그곳에서 오랫동안 살 수 없다. 자연의 본성은 변화를 포함하지 않기 때문이다. 인간의 비참함은 의지의 실현이 불가능하다는 것을 자각함에 기인한다. 물론 그것의 대부분은 자신의 책임이기는 하지만. 자신이 아무것도 할 수 없다는 사실에 기인한 파괴된 의지는 이제 모든 분야에서 인간을 무력화시키고 있다.

의지의 분열은 인간의 집단생활에서의 상대적 무력함으로부터 기인한 비참함을 그 기원으로 한다. 집단생활로부터 피할 수 없는 이 상대적 무력감은 자연 상태로의 복귀 의지를 발생시킨다. 그러나 그러기에는 많은 준비가 기간이 필요하다. 자연 상태로 복귀하기에 우리는 너무 약해졌으며 그것을 준비할 시간 또한 많지 않기 때문이다.

그는 해결책에 관한 자연주의자의 질문에 대하여 이렇게 말했다.

고귀함을 통한 존재의 탐구

　　'편치 않음'의 기원인 의지의 분열로부터 회복을 위한
해결 방법은 집단과 자연생활의 통합 세계 창조에 있다. 이
세계는 집단과 자연 상태를 포괄하는 새로운 세계를 의미한다.
이 세계는 집단 속 의지 분열과 자연 상태 속 의지 회복의 반복적
과정과 혼란이 아닌, 이 둘을 통합하는 자기만의 새로운 삶의
형태이다. 이 창조적 세계는 개별적이며 동시에 집단적일
것이다.

　　이 통합 세계는 의지의 분열에 의한 '편치 않음'으로부터
우리를 치유할 것이다. 또한 자신을 파괴하고 분열시키는 사람
속에서 치열하고 끊임없는 진리 탐구를 위한 삶의 새로운
세계로의 모험을 이끌 것이다. 이 집단과 자연 통합 세계를 위해
우리는 자기 주변 열 사람과 자유를 위한 연대(連帶)를
만들어가야 할 것이다.

26. 초자연 통합 세계론

이때 자연을 추구하는 자가 '통합적 삶'이란 구체적으로 무엇인지 다시 물었고 붉게빛남은 이렇게 답했다.

자연적 세계와 비자연적 세계를 포괄하는 새로운 통합 세계는 자연(自然)과 비자연(非自然)의 대립에 기인하는 삶의 대립을 허물어뜨리는 세계이다. [자연적 삶]은 인간 자신의 본성과 삶을 일치시킴으로써 구성하는 세계이며 [비자연적(집단적) 삶]은 인간 일반의 사유와 자신의 삶을 일치시킴으로써 구성하는 세계이다. 인간은 자연적 삶을 통해 자신의 힘을 느끼며, 그 힘을 근원으로 자신의 본성을 유지할 수 있다. 철저히 고양된 고귀한 정신조차 비자연적 삶에 의해 서서히 파괴된다.

그는 파괴로부터의 회복은 자연적 삶으로의 부분적 복귀가 필요하다고 말하고 있다.

자연적 삶과 비자연적 삶의 반복에 기인한 편치 않음은 인간의 자연적 삶에의 의지를 약화하며 자연적 삶을 포기하게 할 것이다. 이 자연적 삶의 포기 상태는 현대 사회에서 교양이라는 모습으로 둔갑하여 삶을 어색하게 한다. 사람은 사회-욕구적 본성상 자신으로부터의 자연 상태만으로는 자기 삶을 만들 수 없고, 필연적으로 비자연(집단) 상태를 포함하여 삶을 구성해야 한다. 그러므로 우리 삶의 극단적이고 어지러운 반복은 필연적이며 이것이 우리 삶을 어지럽힌다.

그는 다시 이렇게 말했다.

우리는 이제 자연적 삶과 비자연적 삶을 통합하여 자신만의 통일적 삶을 영위(營爲)하는 통합 세계를 창조해야 한다. 초자연적 통합 세계는 인간이 자신을 구성하는 사유 세계를 성찰하고 이를 근원으로 하여 인간 일반(타자)의 사유 세계에 대한 성찰을 함께 통합하는 세계이다. 이를 통해 자신의 사유 세계와 인간 일반(他者)의 사유 세계를 하나의 사유 세계로 통합하는 시도와 노력을 해야 한다.

그는 사유의 통합을 강조한다. 타자와 나의 통합, 잃어버린 나를 찾는 것이 바로 이것인가? 그는 이렇게 말했다.

너는 무(無)로부터 존재(存在)를 찾고, 나는 물(物)로부터 무(無)를 찾는다. 네가 찾는 것과 내가 찾는 것이 합치할 때, 우리 모두 변화 없는 존재가 된다.

삶의 통합 세계는 결국 모든 인간의 사유 세계를 통합하는 세계이다. 이 세계 속에서 우리는 '상대적 개념 파괴'를 경험할 수 있다. 이 '상대적 개념 파괴' 현상은 동일한 대상에 대한 서로 다른 개념이 하나의 개념으로 융합하는 현상을 말한다. 이것이 가능하다면 통합 사유를 통하여 자신으로부터 인간 모두의 삶의 세계를 새롭게 창조적으로 구성할 수 있다. 이로써 모든 삶의 기준 또한 자신으로부터 직접 창조될 것이다. 통합사유철학은 앞으로 오랫동안 깊이 사유 될 것이다.

진리의 세계는 자신과 타자(他者)의 구분이 없다는 것인가? 이미 진리로 세상은 가득 채워져 있는 것인가? 실존 [나]만 알 수 있다면 자신과 타자를 구분하지 않는 절대 진리를 발견하는 것이 가능한가? 그는 다시 이렇게 말했다.

신(神)이 세상을 창조했던 것과 똑같이, 자신의 통합 사유 세계를 창조하자. 스스로 자기 세상을 창조하는 절대 신(神)이 되자. 이로써 자신 그리고 사람의 고귀함이 드디어 그 모습을 드러낼 것이다.

27. 마취된 세계로부터의 깨어남

잠시 후, 정치와 권력에 관하여 공부하는 자가 사람이 가질 수 있는 최고의 힘과 권력은 무엇인지에 관하여 물었다. 이 질문에 대하여 붉게 빛남은 이렇게 말했다.

인간의 권력에의 의지는 자신이 가진 어떠한 것이라도 자신 이외의 자에게 영향을 미칠 수 있는 것이 발견되면 그것을 권력화하는데 자신의 모든 것을 바친다. 이 현상은 진정한 힘 (창조적 능력)을 갖출 수 있는 자신의 사유 세계를 갖지 못하는 현대 사회 대부분 사람의 공통된 현상이다. 이들은 자신이 가진 쓸모없는 강점을 미화하고 유지하기 위한 모든 수단을 강구하는데 이를 위해 자신마저 그 희생양으로 바친다.

자신의 작은 권력을 위해 어리석게도 자신을 포기한다는 말인가? 그는 이렇게 말했다.

사람은 자신이 가진 준(準) 권력 상태를 유지하기 위해 자신의 정신과 육체를 오류의 세계 속으로 빠뜨려, 스스로 헤어나오지 못하게 한다. 이런 자발적 오류 현상은 사람을 자신의 세계가 최고의 의미를 가지는 듯한 착각에 빠지게 함과 동시에 자신의 세계가 위협받는 것을 참지 못하게 한다. 이제 우리 삶의 진정

한 고귀함을 가르쳐 줄 사람이 필요하다. 세속적 권력과 진리의
고귀함의 차이를 가르쳐 줄 사람이 필요하다.

사람이 가질 수 있는 최고의 힘과 권력, 잃어버린 나를 찾
기 위한 두 번째 비밀의 문은 [고귀한 정신]인가? 우리는 고귀함
에 관하여 알고 있는가? 우리는 고귀한가? 내가 보고 있는 저 붉
게 물든 가을 산보다 우리가 더 고귀하다고 말할 수 있겠는가?
그는 이렇게 말했다.

인간 최고의 권력 상태는 존재, 나를 찾아 자신의 사유 세
계로부터 그 시대 절대 진리를 제시하는 것이다. 진리는 모든 사
유로부터 독립적으로 참인 사실을 말한다. 이 진리의 창조자가
바로 우리 모두를 이끄는 주역이다. 이 힘은 그에 의해 창조된 진
리로부터 사람의 삶이 변화하고, 이로써 그들 모두가 창조적 세
계를 구축하도록 도와주는 인간의 최고 권력 상태이다. 그러나
이와 같은 권력에의 의지는 극도로 제한받는다. 누가 이에 도달
할 수 있겠는가?

우리 자신이 절대 진리와 절대 가치를 창조한다는 말인가?
진리는 창조되는 것이 아니라 발견하는 것이다. 즉, 진리 창조는
숨어 있는 진리의 발견을 의미한다. 그는 자신의 방식대로 조용
히 다시 이렇게 말했다.

고귀함을 통한 존재의 탐구

우리는 허위적 권력 상태로부터 희생되고 있는 사람들에게 그들의 오류를 인식할 수 있는 힘과 인식을 주어야 한다. 오류의 세계 속에서 자신을 찾지 못하고 권력의 아류를 좇는 사람들을 그들 본래의 고귀한 세계로 복원시켜야 한다. 우리, 마취된 세상에서 깨어 있는 자는 이제 다시 힘을 모아 자신의 세계로부터 진리를 창조할 수 있는 고귀한 힘을 길러야 한다. 삶의 모든 진리는 우리 존재 속 사유 세계에 있기 때문에 다시 힘을 기르고자 하는 자는 항상 자신에게 침잠해야 할 것이다.

28. 박식한 학자의 어리석음

이름 모를 새가 지저귀고 있다. 철학자들의 여러 지식으로부터 삶에 도움이 되는 실용적 지식을 만들고 있다는 한 지식인이 말했다. 그의 일은 인간 사유의 역사상 유용한 지식을 공부하여 인류에 도움이 되는 지식을 학문화하는 일이다. 그는 무엇이 사람에게 중요한 것인지에 관하여 물었다. 붉게빛남은 아침 기운 속에서 이렇게 말했다.

너무 많은 것을 안다. 우리 시대 학자는 너무 많은 것을 알기 때문에 대부분 실패한다. 그들은 자신의 박식함을 자랑하기 위해 책을 쓰며 자신의 글을 이해하지 못할 때 일종의 쾌감을 느낀다. 그들은 깊은 인식을 가지려 하지 않기 때문에 −사실, 그럴 만한 능력도 없다.− 그들의 기억력에 의존하거나 책장 가득한 책의 도움 없이는 한마디도 말을 하지 못한다.

그는 기억력의 도움 없이는 말을 이어가지 못하는 사람을 질타하고 있다. 사실, 솔직히 말하면 모두 그렇지 않은가? 그는 다시 이렇게 말했다.

박식한 자의 또 다른 공통점은 자유분방한 것 같은 태도를 취해 사물에 대한 깊은 인식에 도달한 듯한 모습을 가장한다는 것이다. 그렇지 않고서는 자신의 실제적 무지를 감추지 못하기 때문이다. 그들은 사물의 본질을 묻는 말에 하나같이 같은 답으로 일관할 것이다. 소크라테스의 생각, 플라톤의 생각, 스피노자의 생각, 칸트의 생각은 무엇이라고. 가장 중요한 지식, 자신의 존재로부터 분출하는 자기 생각은 없다. 너무 많은 지식으로 자신의 것을 생각할 시간이 없기 때문이다. 박식한 자들은 그 해박한 지식의 통합에 결국은 실패하게 될 것이며 너무 많은 것을 알려는 노력은 결국 자신을 망가뜨릴 것이다. 사람에게 가장 중요한 지식은 자신의 존재에 관한 것이다.

붉게빛남은 상쾌한 가을 아침 바람 속에서 이렇게 말했다.

과다한 지식은 그것을 소유할 능력이 없는 자들에게는 독으로 작용한다. 과다한 지식은 겸손을 갉아먹어 진리의 길에 울타리를 높게 세운다. 겸손치 않으면 지나가는 가을바람도 그를 외면할 것이다. 쓸모없는 타인의 지식으로 겸손의 고귀함을 잃지 않기를 바란다.

29. 집합적 지식의 위험성

이때, 한 철학자가 그러면 과다한 지식으로부터 가치 있
는 지식으로의 전환을 어떻게 이루어야 하는지를 다시 물었다.
그는 이렇게 답했다.

가치 있는 통합적 사상은 사고하는 존재자의 절대적 통일
의 결과로만 성취된다. 이는 절대적 통일이 불가능한 집합적 지
식의 위험성을 경고하는 말이다. 지식이 집합적으로 되면 인간
은 더는 지식으로부터 진리를 끌어내지 못하는데, 그것은 그 넘
칠듯한 지식을 유지하고 기억해 내기 위해 자신의 모든 시간을
허비하기 때문이다.

그는 천천히 다시 이렇게 말했다.

진정한 학문의 길에 들어서고 싶은 자나 새롭게 학문을
시작하려는 젊은 자는 모두 반드시 자신만의 절대적 통일 공간
을 우선 구성해야 한다. 절대적 통일 공간은 새로운 타인의 지식
과 접하게 되면 자신의 사유 공간에 타인의 새로운 지식을 흡수
하여 자신의 통일 공간을 새롭게 구성하는 공간이다. 시간에 독
립적인 가치 있고 고귀한 지식을 가지려면 서둘러 자신의 사유
공간을 구성해야 한다. 이는 지식의 단순한 집합적 축적을 피하
는 유일한 방법이다.

고귀함을 통한 존재의 탐구

이는 지식의 자기화를 의미한다. 그는 자신과 다른 새로운 지식을 접할 때 그것이 자신의 사유 공간에 자연스럽게 흡수되지 않는다면 자신의 절대 사유 공간이 아직 구성되지 않은 것이라고 말한다. 이는 타자(他者)와의 다툼이 무엇을 의미하는지를 짐작하게 한다.

30. 존경하는 학자, 교육자의 맹신

그의 절대 사유 공간에 대하여 생각하고 있을 때, 사람에 유익한 지식을 만들고 있다는 지식인이 주변에 지식인은 많으나 존경할 만한 사람이 적은 이유를 물었다. 그는 자신 또한 주변 사람으로부터 지식인으로 생각될 뿐, 존경받는 것 같지 않다고 말했다. 이에 대하여 붉게빛남은 이렇게 말했다.

'안다는 것'이 대상(對象)과 그 대상의 특성을 연결하는 것으로 그 의미가 전도되어 버렸다. 하지만 대상으로부터 그 본질을 인식하는 것이 아니라 그 특성만을 인식해서는 정확한 대상의 실체를 파악하지 못한다. 대상의 부분적 특성으로부터 대상을 파악함으로써 그 대상은 그 본질이 왜곡되기 때문이다. 이와 같은 부분적 지식은 지식을 집합화하는 운명을 피할 수 없게 한다. 이와 같은 지식은 그 본질이 결여되었기 때문에 통합화의 과정을 겪지 못하게 되고 집합적 나열을 통한 방대한 사실의 집합체로서 학문화되어버린다. 그러므로 학자 연(然)하는 자와의 교제는 진리를 탐구하는 자들의 취향에는 잘 어울리지 않는 법이다. 학자인 척하는 자는 지루하다.

잠시 침묵 후, 그는 우리 모두에게 이렇게 말했다.

　　그들은 그들끼리 어울리도록 내버려 두는 것이 좋다. 그들은 지식을 자랑하는 모습으로부터 인간의 가장 천박한 모습을 드러낸다. 이것이 학자에게서 악취가 나는 이유이다.

　　우리 학자의 또 다른 특징은 자신의 학문에 대한 맹신이다. 자신 나름대로 논리를 가지고 자기 학문에 엉터리 의미를 부여하고 그 의미를 성역화하여 자신의 지식을 미화시킨다. 그러나 지식의 집합체적 학문이 인간 삶에 주는 의미는 기억력을 향상하는 것 말고는 별로 없다. 학자 연(然)하는 자에게서 존경할 만한 것은 그의 기억력뿐이다.

　　사실 우리가 자랑하는 것은 기억력 아닌가? 그는 다시 이렇게 말했다.

　　우리는 학자 연하는 자의 맹신을 깨트려야 한다. 그리고 철저하게 대상의 본질을 통합 사유해야 한다. 학문의 허구성을 밝혀야 하며, 우리가 지식의 책더미 속에 묻혀 자기 삶을 파괴하지 않도록 주의해야 한다.

　　진리를 탐구하고자 하는 자가 읽어야 할 책은 그렇게 많지 않다. 젊은 친구들에게 함부로 책을 추천 말라.

31. 사람들과의 관계

어떤 심리학자가 사람과의 관계 속에서도 삶의 고귀함이 존재하는지 그리고 그 관계가 즐거움의 근원이지만 또한 고통스러움의 근원은 아닌지 물었다. 이에 붉게빛남은 소나무 향 같은 은은하고 가벼운 관계로 삶을 살아가라고 하면서 이렇게 말했다.

사람과의 관계에 능숙한 자가 주변 사람으로부터 삶의 표본으로 오인되고 있다. 그의 화술은 유머로 위장되어 많은 사람을 즐겁게 하고 피곤에 지친 사람을 달래주는 것처럼 느껴진다. 하지만 인간의 내면에서 우러나오는 존재의 소리, 부드러운 미풍 속에 자신을 맡겨본 사람은 습기 가득한 쓸모없는 말의 반복에 고개를 돌릴 수밖에 없다.

그리고 그는 확고한 어투로 이렇게 말했다.

다른 사람에게 정신이 팔린 사람은 자신을 잘 볼 수 없다. 사람과의 진정한 관계의 근원은 자기 자신과의 관계라는 것을 아는데 우리 짧은 삶에서 너무 많은 시간이 필요하다.

다른 사람에게 많은 것을 기대하지 않는 것이 좋다. 그들은 단지 타자(他者)일 뿐이다. 이는 잊지 말 일이다. 고귀함은 사람(他者)과의 관계가 아니라 나와 [나]와의 관계 속에 깊이 숨어 있다. 사람과의 관계 속 고귀함, 즐거움, 고통의 근원은 모두 존재 [나]로부터 기원한다.

32. 가장 심각한 나태함

한 시인이 한가롭고 편안한 삶과 나태함의 차이를 물었다. 붉게빛남은 잠시 침묵한 후 이렇게 말했다.

이 세상 모든 역사 속에 그래도 변치 않는 것이 있다면, 그것은 절대로 나태한 자와는 상대하지 말라는 철학자의 권고이다. 특히 심각한 나태함은 자신의 어리석음을 극복하려 하지 않는 것이다. 본능적 나태함으로 우리는 그 어리석음으로부터 벗어남을 포기한다. 우리는 나태한 자에게 연민을 보낼 여유가 없다. 이 세상에는 교육하고 지켜주어야 할 사람이 너무 많기 때문이다.

그는 다시 나태함에 대하여 이렇게 말했다.

교제술에 능숙하려면 자기 자신에게 나태해지지 않을 수 없다. 그래서 진리 탐구자와 예지자는 일반적으로 사람과의 관계에 힘쓰는 사람에게 눈길을 잘 주지 않는다.

지금의 어리석음은 크게 중요하지 않다. 지금부터 부지런하다면, 3년 후 그는 이 세상에서 가장 지혜로운 자가 되어 있을 것이다.

삶에 편안함이 깃들게 하지 말라. 편안함은 마음으로 충분하다.

우리는 혹시 편안함을 삶의 목표로 생각하지는 않는가?
우리 중 누구도 편안함과 나태함에 관한 그의 말에 반대하지
않을 것이다.

33. 절대적 강자, 삶의 인도자

그의 말을 듣고 있던 도덕주의자가 교육자는 무엇을 가르쳐야 하는지, 그리고 누군가를 가르치는 것이 가능하기는 한 것인지 다시 물었다. 산에 모인 사람들은 조금씩 사유의 흔들림, 자기 생각에 대한 변화를 시도하는 것 같지만 그렇게 쉽게 변경하지는 않을 것이다. 분명한 것은 아직 그가 말하는 근원적 주체 실존 [나]에 대하여 아직 인식되지 않는다. 우리의 여정은 많이 남아 있다. 붉게빛남은 모두에게 이렇게 말했다.

주변 사람으로부터 호평을 받으려면 우선, 자신을 조금 어리석게 비하하는 방법 이외에는 다른 방법이 별로 없다. 사람은 자신보다 우월한 자들을 철저히 고립시키기 때문이다. 사람과의 교제에 능숙해지려면 우리는 자신을 비하해 평범함 이하의 사고만을 해야 한다. 자신의 사유 영역을 뛰어넘은 자를 만나면 사람은 그를 고립시킨다는 것을 인지한 우리는 이제 선택해야 한다. 그들로부터 환호받는 사람의 무리 속에 파묻힐 것인지, 그들로부터 벗어나 고립된 삶 속에서 자신을 독립시키고 고양(高揚)할 것인지. 여기서 대부분의 사람은 자신의 힘에 회의를 느끼게 된다. 이 회의감은 우리를 사람의 무리 속으로 머리를 밀어

넣게 한다. 그렇지 않으면 많은 것을 희생해야 하기 때문이다.

그는 사람을 좋아해야 하고 사람을 위해야 한다고 하면서 또한 사람으로부터 벗어나라고 한다. 그의 의도는 무엇인가? 잠시 후, 그는 이렇게 말했다.

그러나 이런 사람 속에서 비록 소수이기는 하지만 절대적 강자가 존재한다. 이 절대적 강자는 우리 삶을 그리고 사람을 이끌어간다. 지금까지 역사도 그랬으며 미래의 모든 역사 속에서도 그럴 것이다. 이 소수의 절대적 강자는 삶의 뿌리로서 사람에게 삶을 가치 있는 것으로 인식하도록 이끈다.

이 절대적 강자는 사람을 교육하고 인도해야 하며 그들로부터 인지되지 않더라도 조용히 그 사명을 수행한다. 이 삶의 인도자는 세상 대부분의 사상을 공부하고 인지하고, 그로부터 우리 인간 일반을 위한 미래의 철학을 제시한다. 이를 위해 그는 끊임 없는 사상적 탐구와 삶에 대한 탐구를 게을리해서는 안 된다. 인간 일반을 이끄는 그의 역할은 실패로 끝나지 않으며 인류가 존속되는 한 지속한다. 절대적 강자, 삶의 교육자는 우리 시대 철학과 가치를 가르치며 그는 우리를 교육할 자격을 갖는다.

아침 바람은 보이지 않게 우리에게 다가왔다. 바람은 우리가 여기 있다는 것을 알려주는 것 같다. 그 바람은 지금의 계절을 알려 주고 또 나무의 향기도 몰고 온다. 그는 진정한 교육자, 삶의 인도자는 우리가 경험하는 모든 상황에서 사람이 취해야 하는 삶의 방식을 결정해 주어야 한다고 말했다. 물론 이 결정을 모든 인간 일반이 따를 필요는 없다. 그리고 그는 총체적 삶의 방향을 인도하여 우리 삶이 역류하는 것을 막아야 한다. 그리고 그는 우리를 교육할 수 있는 강자의 용기를 가진 용자(勇者)에 대하여 이렇게 말했다.

훌륭한 체격과 타고난 용맹성을 가진 자는 오랫동안 자신의 동족을 맹수로부터 그리고 기아로부터 지켜왔다. 그가 지키는 것은 다수의 약자이다. 어떻게든 살아갈 수 있는 중간자는 항상 그에게 비판적이다. 약자를 이용할 수 없게 하기 때문이다. 중간자에 의해 고립되어 가는 이 고귀한 역할을 누가 할 것인가?

34. 자아 상실자

우리는 실존 [나]를 찾기 위한 두 번째 조건인 고귀함에 대하여 조금 이해하기 시작했다. 깊은 눈을 가진 철학자가 사람의 고귀함은 어떻게 알 수 있는지 그리고 고귀함을 잃은 사람 속에서 우리 철학을 어떻게 구축해 나가야 하는지를 물었다. 세 개의 뿔을 가진 붉은 당단풍(唐丹楓)이 떨어지고 있다. 붉게빛남은 천천히 걸으며 이렇게 말했다.

파괴된 자아를 가지고 살아가는 사람의 특징 중 하나는 자기 보존을 위한 변장술이다. 그들은 자신이 무엇을 위해 살아가는지 혼란스럽기 때문에 자신이 지금 무엇을 의지(意志)하고 있는지 생각하려 하지 않는다. 그들이 생각하고 있는 것은 주위의 변화에 순응하여 자신을 빠르게 변화함으로써 완전한 동화를 이루려는 생각으로 가득 차 있을 뿐이다. 그들은 교묘한 변장술로써 모든 사람과 비슷한 것에 안심하고, 이것이야말로 삶의 지혜로움인 것으로 확신한다.

그가 말하는 이 동류성의 추구, 군중 속으로의 파묻힘은 잘 알려진 바와 같이 들소가 무리 속에서 사나운 맹수의 먹이로 지목되지 않을 것처럼 느끼는 안도감과 같은 것이다.

　이 자아 상실자는 자신의 부류가 다수인 것에 매우 만족하며 좀 더 많은 자를 자신의 무리로 끌어들이려 노력을 기울인다. 이는 자신의 안전과 관련되기 때문이다. 그는 자신의 무리와 다른 자는 결코 용서하지 못하겠다는 듯한 태도를 취한다.

　그리고 그는 철학자의 물음에 대하여 이렇게 답했다.

　사람의 고귀함은 그가 파괴된 자아 상실자 무리와 얼마나 떨어져 있는지를 살펴보면 되고 자기 철학의 구축은 자신이 절대 힘을 가질 때까지 철저히 준비해야 한다. 자아 상실자로부터 자신을 지키려는 자는 준비가 안 되어 있다면 일정 기간 그와 무리를 떠나 있는 방법을 택하는 것이 현명하다. 상처 입은 사자가 다수의 하이에나를 피하듯이. 하지만 그의 상처와 힘이 회복되면 평원은 결국 사자의 것이다. 준비가 되지 않았으면 우선 몸을 피해 자신의 힘을 축적하라. 고승(高僧)이 혜능(慧能), 조계(曹溪)로부터 15년간 몸을 피했다. 몸을 피했듯이.

35. 자신의 진정한 독립과 통일자

잠시 후, 철학자는 나이가 들면서 우리 사유가 계속 발전하지 못하고 정체하는 이유가 무엇인지, 그리고 우리가 자기 철학을 어떻게 하면 완성할 수 있는지에 관하여 물었다. 붉게빛남은 이렇게 말했다.

자신의 존재가 무엇으로 구성되어 있는지에 대하여 사유하기 시작하면 자신이 여러 개의 실체로 분리됨을 알 수 있다. 존재하는 [나$_{존재}$]와 의지하는 [나$_{의지}$] 그리고 인식하는 [나$_{인식}$]가 그것이다. 각각 분리된 존재 [나]는 이것을 통일시키는 어떤 힘에 의해 유지해 나간다. 이 역할을 수행하는 것이 [통일자(統一者)]이다. 이 통일자는 사람의 무한적 사유 공간을 적절하게 자신의 모습으로 현시하며 통합 제어 작용을 통해 우리 존재를 일정한 사유 공간 내에 위치시킨다.

그는 잠시 침묵한 후 존재 [나]에 대하여 이렇게 말했다.

사람이 일반적으로 "나"라고 사유하는 것이 바로 이 통일자이며 각 사람을 특징 지운다. 통일자는 사유 공간을 제한하며

자신의 사유 공간 중 '최소 공간'을 자기 사유 공간으로 강제한다. 즉 자신의 의지 공간을 초월하는 인식 공간은 의지에 의해 저항을 받으며, 자신의 인식 공간을 초월하는 의지 공간은 인식에 의해 저항을 받는다. 사람은 나이가 들어가도 자기 사유 공간 확대 노력이 없는 한, 이 통일자에 의해 제한된 사유 공간이 지속하며 시간에 따라 그 공간 축소가 불가피하다.

우리는 통일자의 작용에 의해 유사한 사유공간을 가질 수밖에 없다. 비록 일시적으로 상대적인 우월한 사유 공간을 소유하게 되더라도 끊임없는 사유 작용을 수행하지 않는 한, 다시 일반적이고 보통의 사유로 되돌아가는 운명을 피할 수 없는 것이다.

이와 같은 사유 공간 축소 경향으로 인하여 사람은 자신의 사유 영역을 증대시키기 위해서는 이 통일자의 저항을 극복해야 한다. 이를 위해서 각 사유 공간의 단순 일차원적 증대로서는 불가능하며, 8개 모든 사유 공간의 총체적, 공간적 증대를 통해서만 극복할 수 있다. 사유 공간은 통합사유철학 강의에서 기술되는 바와 같이 존재-의지-인식을 기초로 구성되는 8개의 사유 공간을 말한다. 이 사유 공간은 나중에 자세히 검토할 것이다. 통일자는 사람을 동질화하며 동질화된 자의 이탈을 막는다. 그러므로 고귀한 뜻을 가진 자는 동질화의 억압으로부터 자신의

의지를 철저히 보호해야 한다.

존재, 의지, 인식하는 [나 _{존재·의지·인식}]에 대한 끊임없는 탐험과 확장을 통해 사유 공간을 증대시키고 이로써 자기 생각을 다른 사람으로부터 독립시키는 것, 이것이 그가 말한 사유 공간 축소 극복과 독립적 자기 철학 완성 방법이 될 것이다.

36. 고귀한 자의 특징

조용히 듣고 있던 시인이 누군가 자기 자신이 현재 고귀한지, 자신의 삶이 고귀함을 추구하고 있음을 어떻게 알 수 있는지를 물었다. 이에 붉게빛남은 이렇게 말했다.

자기 자신을 시험할 필요는 없다. 우리는 한순간 고귀해질 수 있으며, 한순간 고귀함을 잃을 수 있다. 우리는 모두 이미 고귀함을 가지고 있다. 알지 못한 채 주머니 속에서 숨어있는 고귀함을 발견하면 될 뿐.

고귀한 자와 그렇지 않은 자의 구분은 외부 힘에 대한 수용 방식으로부터 알 수 있다. 이를 '반 자아적 수용'이라고 정의한다. 사람마다, 힘에 대한 적극적 수용과 소극적 거부로 반자아적 수용 방식의 차이를 나타낸다. 고귀함의 근원적 요소는 모든 외부 힘을 자신의 영역에서 조화롭게 배열시킬 수 있는 능력으로 나타난다. 즉 이는 통합 능력을 말하며 고귀한 자의 특성이기도 하다.

사람은 보통, 외부 힘으로부터 영향을 받지 않고 독립적으로 존재하지 못하기 때문에 통합 능력을 갖지 못한다. 이로써 그는 자신 이외의 다른 힘을 부정하거나, 새로운 힘을 수용하려 하지 않게 된다. 또한 이때 그는 통합적 조화자의 출현과 그 힘의 세계에 두려움을 느낀다.

고귀한 자의 특징은 사람들의 생각을 통합하여, 그것을 자기화하는 것이다. 이는 이를 통해 사람들이 진정으로 원하고 또 가야 하는 길을 제시하기 위함이다. 그는 다시 조용히 이렇게 말했다.

우리가 실제로 타자의 생각과 그리고 그들의 공격에 대하여 어떻게 반응하는가 생각해 보라. 과연 우리는 그들을 수용하는가? 사실은 수용할 생각이 없지 않은가? 이것이 보편적 인간의 태도이다. 만일 타인을 수용하지 못한다면, 자신이 아직 미약하다는 것을 인지하고 더욱 자기 존재, [나]의 속으로 침잠하여 그들을 수용하는 법을 깊이 생각해야 할 것이다. 통합을 위하여 고귀함을 위하여.

37. 강자들의 고귀한 사명

우리는 산에 오르기 시작했다. 바람이 불어온다. 그는 짧은 시를 고봉(高峯), 선요(禪要) 들려주었다.

"바다 위 진흙 소가 달빛을 갈고, 구름 속 나무 말이 바람을 탄다. 마음속 형상 시간 부수어지니, 밝은 달 푸른 솔 학의 꿈을 깨운다."

진흙 소, 나무 말은 무엇인가? 그것은 자유로운 존재 [나] 인가? 산은 아직은 완만하고 나뭇잎들은 이미 많이 떨어졌다. 사람들은 붉은 바람과 노란 바람을 가르며 지나간다. 이때, 한 물리학자가 자신과 타인의 사유를 통합해야 하는 이유가 무엇인지 우리는 지금 존재 [나]를 찾는 중인데, 왜 타인의 사유를 통합해야 하는지를 물었다. 붉게빛남은 천천히 이렇게 말했다.

자기와 타자가 복합적으로 구성하는 삶은 복잡하고 난해하다. 누가 옳고 누가 그르며, 무엇이 선이고 무엇이 악인지 누가 어떻게 결정할 것인가? 나와 타인이 구성하는 삶의 요소를 조화롭게 통합하여 자기 마음속에서 삶의 질서를 재배치하려는 의지를 가지는 것은 선악을 결정하는 정신적 강자의 기본 특성이다.

그는 사람의 삶을 행복하게 변화시키기 위하여, 자기 생각과 타인의 생각을 끊임없이 종합하고 이를 통해 그 시대 철학의 새로운 길을 준비하고 답을 제시한다. 그 후 자신이 이룩한 새로운 길에 대립하는 또 다른 사유 체계가 자신에게 부각되면, 이 대립하는 사유를 자기 생각에 조화롭게 통합하는 작용을 또다시 시작한다. 새로운 사유 체계가 지금까지의 자기 생각과 완전히 대립할 경우에도 그것이 옳다고 판단한다면 그는 지금까지 가져온 자신의 거의 모든 사유를 포기하고 통합된 사유의 길로 그 방향을 돌린다.

우리는 자신을 버릴 줄 알아야 한다. 나를 버린다는 것은 고정된 자기주장을 버리는 것이다. 그렇지 않으면 다른 사람들과 싸워야 하며 이때 세상은 모두 적군뿐이고 모두 상대하여 그들을 항복시켜야 한다. 자신을 버리지 않고서는 완전한 통합은 불가능하다. 단, 그가 자기주장을 버리지 않는 것은 사람들의 자유와 평등을 위해 투쟁할 때뿐이다.

이는 자기애와 오만으로 쉽지 않은 일이다. 강자의 고귀함은 타자에 대한 수용을 기본으로 한다. 그리고 그는 이렇게 말했다.

자신의 사유 체계(가치관)와 대립하는 사유 체계와의 만남은 중요한 선택의 순간이다. 서로 다른 사유가 통합할 때 진리

에 좀 더 접근한다. 통합의 과정은 우리의 생각을 포괄적으로 조화롭게 통합하려는 초인적 의지와 자신의 사유 체계를 한순간 포기할 수 있는 겸손의 용기가 필요하다. 사유 통합에의 의지는 죽음의 순간까지 잊지 말아야 할 고귀함의 표식이다.

그렇다면 사유 통합을 통해 우리 삶의 구성원을 이끌 고귀한 가치는 무엇인가? 그는 이렇게 말했다.

우리의 일차적 고귀한 가치는 인류 최대 다수에게 최대 자유를 부여하는 것이다. 그리고 이것은 진정한 강자의 고귀한 사명이다. 이 사명은 통합에의 의지를 가진 고귀한 자에 의해 지속될 것이다. 약자는 자신에게 대립하는 사상을 수용할 수 있는 능력이 없는 경우가 대부분이다. 그는 자신의 자유만을 생각한다. 즉 그는 자기 사유를 주장하는 데에는 어느 정도 성공했을지 모르지만, 이에 대립하는 사상을 만났을 때 그것을 자신의 사유 체계와 통합시킬 수 있는 능력이 부족하다. 사람은 나이가 들수록 타자의 사유를 통합시키려는 의지가 더욱 분열되고 이로써 철저하게 자기 사유와 대립하는 사상을 배척한다. 결국 그는 타인의 삶에 대하여 관심을 끊는다.

사유를 통합할 능력이 없는 약자와 통합의 힘이 있는 강자의 만남은 약자를 더 약하게 강자를 더욱 강하게 만든다. 외면적으로는 항상 약자가 승리하고 있는 것처럼 보이기도 하지만 실제 약자는 새로운 사상과의 대립을 통합할 능력이 없기 때문에 강자를 만나게 되면 자신의 사유의 편협함을 은밀히 느끼게 되고 어느새 자기 사유가 그에게 흡수됨을 인식하고 그에 대한 두려움을 떨쳐버릴 수 없게 된다. 이것이 정신적 약자가 강자를 싫어하는 이유이다.

어떻게 할 것인가? 자신을 강한 자로 변화시키기 위해서는 자신의 사유 체계를 가볍게 포기하는 과정이 먼저 수행되어야 한다. 지금까지의 자신을 잊는 것이다. 이 과정이 완수되면 비로소 통합화 과정을 시작할 수 있다. 이 과정은 자신을 인도해 주는 진정한 교육자를 필요로 할지도 모른다. 그러나 그가 사유 통합을 완성해 주지는 않는다. 자신의 사유 체계를 통합할 수 있는 자는 물론 자신뿐이다.

38. 고귀한 자와의 만남

이 말을 듣고 물리학자가 고귀한 자는 어떤 상태에 있으
며 어떤 모습을 보이는지 다시 물었다. 이에 붉게빛남은 이렇게
말했다.

자아의 발견을 도와주는 고귀한 자와의 만남은 사람의 가
장 흥분된 경험이다. 그는 우리 내면 깊숙이 숨어 있는 자아를 발
견하는 것을 도와준다. 그는 자기 자신 속의 자아를 들추어낼 때
느끼는 어색함과 부조화를 자연스럽게 느끼도록 해주며, 자아
발견자가 두려워하는 [자기 분열] 현상도 막아준다. 자기 분열은
지금까지 자기라고 생각했던 것과 실제 자기와의 차이로 겪는
혼돈 현상이다.

진짜 [나]는 무엇인가? 물속 달을 건지면 손가락 사이로
빠져나가듯이 존재란 잡히지 않는 것인가? 우리는 산을 내려가
기 전에 존재 [나]를 찾을 수 있을 것인가?

우리는 대부분 자신의 자아 상태와는 상반된 사고와 행동
에 대하여 마치 자신의 본질인 것처럼 느끼며 행동하는데 이는
사회적, 도덕적 세뇌와 마취 상태에 기인한다. 이 마취 상태는 인
간 역사로부터 부여받은 고귀한 인간의 근원적 본성을 파괴하며
도덕 추종자로 삶을 마치도록 강요한다. 고귀한 자는 이 도덕적

마취 상태로부터 자유로운 모습을 보임으로써 사람들에게 섬광처럼 다가가며, 따뜻하고 편안하며 자연스러운 모습을 보인다. 그는 어떤 것도 강요치 않으며 아무것도 주장하지 않는다. 그는 가슴 속 맑은 숨을 내뿜어 공기를 정화하며 자기 몸짓을 절대 드러내려 하지 않는다. 그의 표정, 몸짓, 호흡 속에서 사람은 마취 상태를 벗어나 신선한 공기를 마신다.

산길을 오르자 이제 나무 터널이다. 바람은 가을 나무 향기를 품고 있다. 이 산속에 우리가 찾는 비밀이 분명 숨어 있을 것이다. 그는 다시 이렇게 말했다.

고귀한 자, 그를 보면 그의 응시, 몸짓, 말, 표정과 얼굴에서 그것을 볼 수 있으며 그는 타고난 섬세함으로 모든 이의 눈길과 의도를 읽을 수 있다. 그의 몸짓 하나하나는 우리에게 힘을 주며, 그를 보고 있는 것만으로도 삶의 충일감(充溢感)을 맛볼 수 있다. 그는 아무것도 모르는 순박한 자도 아니며 도회지의 세련된 청년도 아니다. 그를 만날 수 있는 곳은 한적한 오솔길에서 그리고 사람 많은 도회지 광장에서 상상 못 할 정적이 흐를 때이다. 그는 흐트러짐 없는 걸음걸이로 눈가에는 기쁨과 비애가 오가고, 눈동자는 사물을 놓치지 않으려는 듯한 모습을 보인다. 우리는

그를 놓쳐서는 안 된다. 그런데 그는 만나기 어려워서 어쩌면 자기 자신 이외에서는 찾기 어려울지도 모른다.

실존 [나]를 제외하고는 그 고귀한 자는 쉽게 발견되지 않을 것이다. 자신이 고귀한 자가 되는 것이 고귀한 자를 만나는 가장 쉬운 길이다.

39. 권력에의 의지로부터의 자유

나무 사이로 파란 하늘을 보인다. 권력에 관하여 생각하고 있는 한 정치가가 절대 권력이 존재하지 않으면 인간은 파괴되는 것은 아닌지 그리고 고귀한 자도 권력의 보호와 통제가 필요한 것 아닌지 물었다. 붉게빛남은 천천히 이렇게 말했다.

고귀한 자는 다양한 사물과 사유를 수용하는 자유정신의 소유자이다. 그에게는 모든 순간이 자유롭다. 그에게는 억압이 없으며 억압하는 어떤 것도 허락하지 않는다. 그가 의지하는 모든 것은 자유로움을 잃지 않는다. 그는 도덕을 초월한다. 즉 도덕이 목적하는 바는 이미 그의 목표가 아니다.

우리는 도덕을 최소한의 사회 권력으로 생각한다. 하지만 고귀한 자는 그것마저 부정한다.

사람들이 모두 권력자의 심부름꾼, 노예로서 선하게만 살다가 삶을 마치고, 그것을 그대로 만족하도록 내버려 둘 수는 없지 않은가? 우리는 자기를 의미 있는 존재로서 인식하고 현상의 본질을 탐구하며, 자기 삶이 힘으로 충만하도록 자신을 이끌어야 하지 않겠는가? 절대적 권력은 필요 없다. 우리가 모든 권력의 근원이기 때문이다. 그러므로 고귀한 자는 자유로워야 한다. 자유롭지 못한 자가 사람을 이끌 수는 없다. 즉 항상 자유로울 수

있는 자, 자유를 위해 노력하는 자만이 고귀한 자의 자격을 갖는다.

그는 잠시 침묵했다가 조용히 이렇게 말했다.

그러나 우리는 자유에 익숙하지 않다. 우리는 항상 자유로움이 자기 앞에 있다는 것을 견디지 못한다. 왜냐하면 자유의 본질인 선택에 오히려 억압받기 때문이다. 선택의 부자유는 사람에게 자유를 부정하고 기피하는 오류를 범하게 한다. 고귀한 정신은 이 오류로부터 우리를 깨어나게 할 것이다. 선택의 부자유는 끊임없는 구(求)함과 힘, 권력에의 의지에 기인한다. 자신의 사유 체계 속에서 자신을 억압하고 파괴하는 돌이킬 수 없는 구(求)함의 그림자를 우리 이제 몰아내자.

40. 미(美)의 근원

고귀함을 통한 존재의 발현은 타인의 수용을 통한 사유 가치의 제고, 욕구의 절제를 통한 존재 가치의 상승, 자유의 부여를 통한 진리 가치의 치솟음을 의미한다. 이런 생각을 하고 있을 때, 시인이 고귀함과 아름다움의 차이에 관하여 다시 물었다. 이에 붉게빛남은 이렇게 말했다.

고양된 힘으로 자신의 힘을 분출하지 않을 수 없는 충일 감, 자기 힘으로 이 세상을 변화시킬 수 있을 듯한 자신감, 사람들로부터 떨어져 그들을 바라볼 수 있는 독립감, 이것이 힘의 세계 속에 사는 자의 특권이다. 많은 시간 동안 자기 힘을 키우며 기다려온 자에게서는 그것이 분출될 때 자기 영혼과 존재의 아름다움이 느껴진다. 이것은 아름다움이 힘과 동일 개념이기 때문이다.

진정한 아름다움은 힘을 기초로 한다. 아름다움은 도덕적 인간 그리고 욕망에 빠진 인간에 의해 왜곡되어 힘을 빼앗겨 버렸다. 힘의 부재 속에서 아름다움은 길을 잃었다. 아름다움과 연약함을 연결하려는 시도는 머지않아 그 모습을 감출 것이다. 강자만이 아름다울 권리를 갖는다. 물론 여기서 강자는 권력자와 재력가는 절대 아니다. 아름다운 삶을 원한다면 권력과 재력은 자신의 삶의 목표에서 지금 지워 버려라. 그들은 쓸데없이 바쁘

기 때문이다.

고귀함 또한 힘을 기초로 한다. 아름다움은 단지 고귀함
의 한 특성일 뿐이다.

고귀함을 통한 존재의 탐구

암기하려면 철학은 공부하지 말라. 우스운 생각의 소유자가 될 뿐이다.

III장. 존재를 보다

향나무로 사자와 여우를 조각하면
둘은 그 향이 다르지 않다.

제3의 탄생을 통한 존재의 탐구

선택하는 삶 – 선택받은 소수가 되려고 너무 애쓰려 하지 않는 것이 좋다. 선택 받은 소수는 말 그대로 소수라서 이루기 어렵고, 오래 지속할 수도 없다. 선택받는 소수가 되려는 노력을, 선택하는 자가 되려는 노력으로 전환하는 편이 삶에 도움이 된다.

41. 이상의 세계

조용한 작은 절에 도착했다. 바람에 풍경(風鏡) 소리가 들리고 잘 정리되어 있어 주변이 청결하다. 모두 잠시 쉬기로 하고 돌로 만들어진 계단에 모여 앉았다. 해는 따뜻하고 바람도 아침보다는 따뜻하다. 올라온 길이 눈에 보이고 회양목들과 주목들이 절을 바람으로부터 막아 주는 듯하다. 나뭇잎 뒤 햇빛은 바람에 흔들리는 나뭇가지 그림자를 만들어 절 마당을 깨끗이 비질하고 있다. 붉게빛남은 이제 우리는 다시 태어나야 한다고 하면서 그것을 위해 우리가 어떻게 해야 하는지를 말하려는 것 같다. 이때 한 철학자가 이상(理想)의 세계에 관하여 그리고 우리 세상 무엇이 잘못되어 가고 있는지를 물었다. 붉게빛남은 이렇게 말했다.

인류 역사를 통해 이상(理想)적 세계는 도덕적인 것, 정의로운 것에 집중되어 왔다. 그러나 우리가 도덕적이고 정의로운 삶으로부터 자기 삶의 의미를 찾을 수 있다고 생각하는 것은 오해이다. 사람은 자신을 우주에서 일정한 역할을 하는 '작용자'로서 발견할 때 비로소 자신의 삶을 느낄 수 있다. 이 '작용자'로서의 탄생은 우주의 본질과 자기 본질을 고찰하고 그로부터 자기 삶이 우주를 구성하는 주체임을 인식하게 됨으로써 성립한다. 이 작용자가 되기 위해 우리는 가능한 다수의 사상을 습득하고 인식하여 그것을 하나의 통합된 사상으로 탄생시켜야 하는 깊은 창조의 과정이 필요하다.

이것은 주어진 삶의 틀에서 수동적으로 살아갈 것인지 자기가 스스로 삶의 틀을 만들어나갈 것인지의 문제이다. 자기 세계를 만들기 위해서는 자기 생각의 철학화 과정이 필요하다. 잠시 후 그는 이렇게 말했다.

우리는 우선, 인류 역사상 중요한 사유와 철학을 습득해야 한다. 철학자의 생각을 암기하라는 것이 아니다. 그 시대 그가 살았던 세상 속 삶의 문제와 해결책을 공부하고 그 과거의 철학 사상 관점으로 현재 자신의 세상과 삶을 재분석하라는 것이다. 암기하려면 철학은 공부하지 말라. 우스운 생각의 소유자가 될 뿐이다. 이룰 수 없을 것 같은 막대한 사유 세계에의 끝없는 도전은 우리를 극도로 소모할 것이다. 그러나 서서히 단련된 강해지고자 하는 자는 소모된 힘을 스스로 복원시킨다. 소모와 복원의 과정이 교육자, 인도자의 피할 수 없는 삶의 여정이다.

그의 목표는 사람들이 사유와 통찰을 통해 자기 삶을 타자에게 종속된 노예가 아닌 스스로 자기를 만들어 가는 삶의 주인으로 재구성하도록 돕는 것이다. 이제 우리는 철학적 교육자를 필요로 한다. 그는 사람들을 교육하는데 몰두하며 머지않아

거리에 힘이 넘치고 거리 어디서나 각자의 사유와 삶의 본질을 토론하도록 사람들을 이끌 것이다. 그리고 결국 그는 즐거운 삶의 목표로 충만한 사람들의 꿈의 세계를 실현하게 할 것이다. 이것이 [이상의 세계]이다. 이는 문명의 퇴보를 어느 정도 필요로 할지도 모른다. 우리, 시작해보지 않겠는가?

그는 문명의 발전을 조금 뒤로 미루자고 제안한다. 조금 더 편리한 것을 찾아 너무 많은 사람이 몰두한다. 그는 '이제 그만 멈추라'고 말했다.

42. 제 3의 탄생

한참을 생각하던 철학자는 이상적 세상의 중심이 되는 [나]를 찾기 위해 우리에게 어떠한 새로운 전환과 탄생이 필요한 지를 다시 물었다. 붉게빛남은 이렇게 말했다.

'나'라는 특징을 가진 육체적, 정신적 인간의 탄생을 제2의 탄생 루소(Jean-Jacques Rousseau), 에밀(Emile) 으로 정의한다. 이는 모든 인간이 겪는 보편적 현상이다. 그런데 우리는 자신의 존재 가치를 인식함으로써 또다시 새롭게 탄생한다. 무엇이 중요한 것이며, 무엇을 위해 삶을 꾸려나가야 하는지에 대한 깊은 성찰을 가지게 될 때, 그리고 주위 모든 것이 자유롭게 호흡하는 곳에서 우리가 사는 곳을 내려다볼 수 있게 되었을 때, 비로소 우리는 또 다른 탄생을 한다. 나는 이 탄생을 [제3의 탄생]으로 명명한다.

나는 변화된 모습을 인식한 적이 있는가? 나는 또 하나의 내 모습을 인식한 적이 있는가? 그리고 그는 이렇게 말했다.

우리가 자기 삶의 가치를 스스로 인식하는 것은 어느 때 부터이며 그것은 어떤 기준으로 결정되는가? 스스로 결정하는 삶의 가치를 결국 발견하지 못하고 죽음을 맞이할 것인가? 또 다른 제3의 존재는 모든 사람이 발견하는 것은 아니다. 이는 절실히 비 찾는 자만 발견할 것이다. 자신을 찾기 위해 떠나라. 지금, 거칠고 험한 바람 부는 곳으로.

우리는 왜 제3의 탄생을 위해 절실해야 하는가?

43. 세가지 발견

이때, 한 운명론자가 그렇다면 우리가 어떻게 제3의 탄생을 이룰 수 있는지를 물었다. 붉게빛남은 제3의 탄생은 각 개인이 세 가지 발견, 즉 자기의 발견, 가치의 발견, 사물의 본질 발견으로부터 탄생한다고 말했다. 그리고 그 발견에 대하여 이렇게 설명했다.

새로운 탄생을 위한 첫 번째 문은 [자기의 발견]이다. 이는 자신을 이루고 있는 존재가 새롭게 자신에게 발견되는 것이다. 이는 거울 속 자신과 그 자신을 이루는 자기를 분리해 자신을 사유함으로써 접근된다. 사랑을 느낄 때의 나와 분노를 느낄 때의 나는 분명 다르다. 그러면 서로 다른 그때에도 변하지 않는 나는 어디에 있는가? 그것이 진정한 자기이다.

자기의 발견은 자신을 새로운 의미로 부각하며 자신과 분리된 자신이 바로 옆에서 자신을 보고 있는 듯한 느낌을 들게 한다. 나는 하나의 내가 아니며 나와 나를 사유하는 또 다른 나로서 함께 존재한다. 우리는 사유를 통해 자신의 인식과 의지 그리고 존재를 통합시키며, 이로써 변치 않는 [나]가 조금 모습을 드러낸다. 이 과정으로 여러 모습의 자기를 변치 않는 자기로 돌아오게 하며 이를 통해 새로운 탄생의 첫 번째 문으로 들어선다.

기쁨 또는 슬픔과 같이 변화하는 감정 상태와 무관한 존재 [나], 이것은 무슨 의미인가? 우리는 이 변화하는 나를 위해 모든 노력을 기울인다. 즐거움을 얻기 위해, 우리는 이 즐거움을 얻기 위해 생을 다하도록 끊임없이 소모된다. 이로부터 우리는 벗어날 수 있을 것인가? 그런데 나는 변화하지 않는 [나]를 위해서 하는 일이 있는가? 그는 다시 이렇게 말했다.

제3의 탄생을 위해서는 우리의 삶을 구성하는 [가치의 재편]을 추구하고 완성해야 한다. 제3의 탄생을 성취한 자는 기존 가치의 추종자가 아니라 새로운 시대 가치의 창조자로서의 역할을 수행한다. 기존 질서의 벽을 허물고 그는 스스로 자기 시대의 가치를 형성해 나간다. 그의 사유와 행동은 동시대 인간의 새로운 가치로서 작용한다. 모든 가치는 그로부터 창조되어 사람들에게 전파된다. 이를 위해 그는 모든 가치 기준을 결정하기 위한 최선의 길을 찾으며, 이로부터 가치의 재편에 자신을 주도적으로 작용시킨다.

가치 창조란 무엇을 말하는가? 그는 이렇게 말했다.

우리가 타인과 대상에 의존하여 존재하는 한 진정한 [나]는 없다. 이렇게 외적 대상에 의존하여 존재하는 한, 가치의 창조 또한 없다. 가치 창조란 존재 [나]를 위한 가치를 만드는 것이다.

실존 [나]는 인간 일반에 스며들어 있다. [나]를 위한 가치는 인간 일반을 위한 가치이다. 그러므로 [나]를 위한 가치는 우리 모두를 자유롭게 할 것이다.

사람은 대부분 모두, 새로운 가치에 대한 훌륭한 비판자이다. 그러나 그는 가치 창조자의 역할을 수행하지 못한다. 창조 없는 비판은 인간의 삶을 어지럽힐 뿐이다. 이렇게 가치의 재편에는 가치의 비판뿐 아니라 창조의 능력이 함께 필요하다. 이는 젊고 새로운 세대를 가장한 어리석은 자가 기존 가치의 비판과 전도를 표방하지만 새로운 가치 창조의 능력이 없기 때문에 삶을 파괴적으로 혼란 시키는 이유이기도 하다.

우리는 삶의 가치를 재편할 수 있는 능력이 필요하다. 이 능력을 어떻게 손에 넣을 수 있는가? 기존 가치를 부정하고 새로운 가치를 제시할 수 있어야 한다. 그렇다면 진리의 비밀 창고 열쇠를 발견하라는 것인가? 자신을 발견하여 [나]에 대하여 완전히 알게 되면 그 완전성에 의해 그 존재가 바로 타자를 포괄할 수 있게 된다. 이를 통해 [나]로부터의 가치가 인간 일반의 가치가 될 수 있다. 진리의 비밀 열쇠는 결국 [나]로 귀결되고 있다. 그리고 그는 이렇게 말했다.

제3의 탄생을 위한 세 번째 마지막 문은 [사물의 본질 발견]과 그 사유에의 절실한 의지를 갖는 것이다. 사물의 본질은

하나의 사물(物)이 존재하게 된 이유를 파악함으로써 그 실체가 드러난다. 사물의 본질 발견을 위해서는 그것을 위한 의지를 끊임없이 자신에게 요구하여 그것에 대한 인식 욕구를 자극해야 한다. 억새풀은 느슨하게 잡으면 손이 베인다. 절실하고 확고하게 의지(意志)해야 한다.

　　[나]의 발견과 함께 사물의 본질 발견이 제3의 탄생을 위한 조건이다. [나]를 발견하면 사물의 본질진리(眞理)도 발견될 것이다. 반대로 사물의 본질을 발견할 수 있다면 [나]를 발견하는 데, 물론 도움이 될 것이다.

44. 음악과 감성

이번에는 음악가가 우리 삶에서 음악이 어떤 의미가 있는
지를 물었다. 붉게빛남은 가벼운 목소리로 이렇게 말했다.

이제 사람들은 감성을 느낄 수 있는 능력을 많은 부분 상
실한 것 같다. 아늑함, 포근함, 안락함이 어떤 감성 상태이며 이
감성이 우리에게 어떻게 작용하는지 잘 알지 못한다. 외부 감성
에 따른 단순 종속자의 역할을 자유로움이라고 자평(自評)하면
서 만족해하고 있다. 또한 아쉽게도 감성의 종속 상태로부터의
탈출을 포기하고 있다. 외부 다양한 감성에 대한 깊은 통찰이 필
요하다.

우리 젊은 세대는 명랑함과 경쾌함에서 오는 삶의 부상을
느끼지 못하고 있고 감성 종속화의 풍조는 머지않아 감성에 대
한 인식 능력 상실 시대를 예고하고 있다. 감성을 창조하는 음악
가조차 장엄함, 경쾌함, 우아함, 웅대함, 숭고함의 변화 모습을
인지하지 못한 채, 음악을 만들고 연주하고 있다.

음악 정신이란 무엇인가? 음악을 통해 무엇을 얻는가? 즐
거운 감정인가, 슬픔에 대한 위로인가, 평온하고 고요한 마음의
평화인가? 음악이 우리 감성을 변화시킨다는 것은 이미 우리가
그 감성을 가지고 있다는 의미가 아닌가? 우리는 이미 모든 것을

가지고 있는가? 음악은 우리 내부의 [나]를 깨우는 것 아닌가?

그 시대 사람들이 좋아하는 음악은 그 시대의 감성을 대표한다. 자기 시대의 음악을 모르면서 수백 년 전 음악을 즐기는 어리석음을 범해서는 안 된다. 감성의 사전과도 같은 음악이 주는 인간 감성의 변화 모습을 사람들은 이제 이해하려 노력하는 모습이 잘 보이지 않으며 새로운 창작의 모습 또한 잘 보이지 않는다.

인간 감성의 종속화는 우리 시대 음악적 경향에서 그대로 반영되고 있다. 음악 선율 속에서 감성을 무시한 혼돈의 조합은 자유로운 신조류라는 탈을 쓰고 감성의 부조화와 더불어 오히려 본질적 인간 감성의 무감각과 황폐화를 야기한다.

외부로부터 감성적 자극이 없으면 이제 우리는 무감각해져 간다. 영화, 음악, 연극, 스포츠, 타인의 말, 희극의 도움 없이 우리는 감성을 창조할 수 있는가? 이제 우리 내부에 무한히 쌓여 있는 감성의 보물을 써 보지 않겠는가?

음악은 그 시대의 감성을 대표한다. 이것이 음악의 의미에 대한 그의 답이다.

45. 감성의 창조를 위한 조건

사찰 근처에서 정오가 되었다. 소나무 숲에서 불어오는 시원한 바람을 얼굴에 맞으며 나이 많은 심리학자가 창조적 감성이 무엇인지를 물었다. 붉게빛남은 이렇게 말했다.

감성은 우리 인간이 인간다울 수 있는 가장 훌륭한 표현 방법이다. 우리의 감성에서 인간다움이 묻어 나오기를 바란다. 시각적, 청각적, 후각적, 미각적, 촉각적 자극이 사라지는 순간 사라져 버리는 감성은 이제 피하고 싶다. 우리의 인간성이 묻어 있는 감성이 존재의 향기, 인식의 바람, 의지의 열기가 절묘하게 혼합된 자신만의 인간적 감성이기를 바란다. 이것이 왜 감성이 존재·의지·인식으로 구성되는 사유 공간을 통해 새롭게 탄생하여야 하는가에 대한 이유이다.

창조적 감성은 인간적 감성이다. 단순 자극적 감성은 우리를 지치게 한다. 주변을 돌아보면 이제 우리는 자극적 감성에 종속되고 노예화되어 버린 것 같다. 이를 교묘히 이용하는 사람이 너무 많고 우리는 먹잇감, 희생양이 되기 쉽다. 그리고 그는 이렇게 말했다.

충일감을 주는 진정한 창조적 감성은 자신이 만들려 하는 삶을 충실히 표출함으로써 다른 사람에게 자기 감성을 이입하며

다른 사람들의 감성을 이끌어간다. 감성의 창조는 외부로부터 유입되는 느낌과 유사한 감성을 표출하는 것이 아니라, 항상 삶의 사유 공간을 통해 자기 삶의 향기가 포함된 감성을 표출하는 것이다. 이로써 감성은 수동적인 것으로부터 창조적인 것으로 변화된다.

이렇게 자기화되는 감성을 [감성의 자기 창조]라 한다. 이를 통해 우리는 주변에서 떠도는 감성을 정화할 수 있다. 감성의 창조 능력을 갖춘 자는 자신의 감성 표출을 개별화된 감성으로써 뿐 아니라 모든 사람이 지향하는 감성으로 표출한다.

이렇게 감성이 창조 능력을 갖추기 위해서는 중요한 조건이 존재한다. 즉, 우리에게 다가오는 감성에 대한 철저한 이해, 외부로부터 이입되는 감성의 자기화, 자신의 존재 · 의지 · 인식과 통합적 조화로운 감성의 표출, 그리고 인간에 대한 사랑이다.

창조적 감성은 우리를 소모하는 자극적 감성 작용이 아니라, 삶에 대한 동기를 유발해 각자에게 충일감을 주는 감성 작용이다.

46. 존재 탐구의 즐거움

이때, 한 작가가 무엇이 작품의 주제 그리고 삶의 주제가 되는 것이 좋은지를 물었다. 붉게빛남은 이렇게 말했다.

"자기 존재에 대한 확신, 존재 원인에 대한 확고한 신념, 타인의 사유를 자신과 통합시킬 수 있을 정도의 사유 완충성, 정오의 태양과도 같은 생의 작열감, 휴일 오후의 한가로움 속에서 느껴지는 주위 사물로부터의 독립감, 대타적(對他的) 존재로서 인식되는 자신에 대한 조용한 응시, 대상(對象)으로부터 자유로움, 저편 호수 가에서 걷고 있는 인간의 아름다움, 자신이 아름다움의 창조자임을 깨닫는 순간 느끼는 존재의 황홀감"

우리는 이 즐거움을 외면하지는 못할 것이다. 존재론적 즐거움! 우리는 존재를 탐구하지 않을 수 없다.

우리 일상 그 모든 것이 삶의 주제이고, 작품의 주제이며 제3의 탄생을 인도해 줄 것이다.

47. 자기 인식의 문

작은 절 옆 단풍나무는 타는 듯한 붉은 빛을 드러내고 있다. 삶의 주제에 관해 물었던 작가는 우리 즐거움의 본질에 관하여 다시 물었다. 붉게빛남은 잠시 침묵 후 이렇게 말했다.

우리가 즐거움을 느끼는 원인은 자기 존재를 인식함에 기원한다. 그러므로 자신의 삶을 즐겁게 전환하기 위해 우리가 할 수 있는 최선의 방법은 자기 존재를 탐구하는 것이다. 그러므로 즐거움의 본질을 파악하기 위해 한 존재론자의 사르트르(Jean Paul Sartre), 存在와 無 저서는 몇 가지 유익성이 있다.

그런데 사람은 자기 존재를 탐구하는 것보다 표출하려는 욕구가 강하다. 이는 존재 탐구를 통한 존재 인식 과정에서 오는 [자기인식적 자기만족]보다는 자기 존재를 타인에게 표출함으로써 나타나는 [자기표출적 자기만족]이 더 크기 때문이다. [자기표출적 자기만족] 추구는 즐거움과 혼동을 일으켜 더욱더 [자기인식적 자기만족]을 외면한다. 이제 자기표출적 만족이 삶의 즐거움으로 둔갑하여 연약한 이성에 의해 합리화되고 더는 이론의 여지가 없는 것처럼 받아들여지고 있다.

우리 모두 자신을 드러내는데 열중인 것은 사실이다. 그리고 그는 이렇게 말했다.

　　자기표출을 통한 만족은 지속성이 결여된 임시적, 순간적 만족이다. 이 자기만족 뒤에는 자기 존재와의 불일치에 의한 공허함이 수반된다. 그러므로 자기표출을 통한 만족은 마약과도 같이 끊임없는 자기표출을 필요로 한다. 이것이 끊임없이 성취되지 않는 한, 자신에 대한 불완전한 공허함이 인식되고 불안이 엄습한다. 이 불안 현상은 자기 존재 속으로, 자기 창조의 즐거움 속으로 자신을 회귀시킴으로써 극복 가능하다. 그러나 자기표출을 통한 자기만족이 주는 강렬한 쾌락으로부터 우리는 쉽게 빠져나오기 어렵다.

　　자기표출을 통한 자기만족에 기인한 즐거움은 타인(표출 대상)으로부터의 도움 없이는 성취 불가하다는 문제를 가지고 있다. 그러므로 자기만족에 중독된 자는 끊임없이 사람들을 찾아다니며 혼자 있는 것을 두려워한다. 그에게 타인은 자기만족을 위한 도구일 뿐이며 그 이상의 의미가 부여되지 않는다. 이와 같은 자는 어느 순간, 자기 주위에 사람이 아무도 없음을 알고 당황해하곤 한다. 그러나 이는 타인의 책임이 아니라 바로 자신이 그들을 자기 즐거움을 위해 도구화시킨 데 기인한 것이다. 자기만족의 쾌락 속에 빠진 자는 적지 않은 기간 동안 사람들로부터 철저히 격리됨으로써만 ―이는 표출 대상으로부터의 격리를 의미한다.― 자기표출적 자기만족의 굴레로부터 벗어날 수 있다.

자기표출을 통한 자기만족은 인식화되지 않은 자신의 존재를 표출하기 때문에 자신에 대한 일관성이 결여된다. 이에 따라 존재는 일관성과 통합성을 유지하지 못하고 표류하게 된다. 주위의 상황에 따라 자신은 계속 변화할 수밖에 없으며 이로써 존재에 대한 혼란이 야기된다. 이처럼 자기 존재가 혼란되면 존재 의미가 흔들리며 이로써 삶이 파괴되는 듯한 상실감을 맞이하게 될 것이다.

우리는 삶 속에서 자기표출적 쾌락을 즐길 수는 있겠지만 그 즐거움에 중독되어서는 안 된다. 그리고 이로부터 벗어나기 위한 비밀의 좁은 문은 우선 자기 존재 속으로 침잠하여 자기 인식의 문에 들어서는 것이다. 그는 이렇게 말했다.

48. 인식 철학의 위험성

계단을 내려오면 산과 동화되어 있는 듯한 사찰이 있다. 오랜 사찰은 바람과 비 그리고 태양에 의해 만들어진 빛바랜 모습이고 지나는 바람도 경의를 표한다. 이번에는 어떤 허무주의자가 철학 사상과 현실 사이의 괴리에 관하여 물었다. 붉게빛남은 이렇게 말했다.

삶에서 멀어진 철학은 믿지 말라. 그런 철학을 주장하는 자는 사기꾼일 경우가 많다. 몇몇 작가의 인식론적 즐거움을 느끼게 해주는 독특한 형식은 마음을 끌리게 한다. "사람은 모임에 초대받으면, 역시 선뜻선뜻 그 건물에 들어서고 계단에 올라가지만, 그 건물은 거의 눈여겨보지 않을 만큼 어딘가에 열중하고 있다." 카프카(Franz Kafka) 사람은 분명히 그렇게밖에 행동하지 않는다. 삶에서 멀어진 철학이 바로 그런 것이다. 삶에서 중요한 것을 놓치고 자기 세계에만 열중한다. 인식 철학의 위험성은 극단적인 경우, 인간에 대한 경멸로 발전되기도 한다. 이는 다른 작가 로트레아몽(Lautre-amont)의 유아적 인식론에서 확인된다. 그는 자기 세계 속에 갇혀 미로 속에서 헤매면서도 자기 세계 밖으로 빠져나오는 것조차 포기해 버린다. 이와 같은 위험한 인식론은 자신이 고립되어간다는 것에 대한 무감각이 문제이다. 자신이 무엇이나 된 듯이 오만한 철학, 삶에서 멀어진 철학은 믿지 말라.

　　자신이 스스로 우월해 보이기 시작한 인식 철학자는 이를 잊지 말아야 한다. 삶에 대한 사유가 결여된 인식은 삶의 실존적 공격으로부터 버틸 힘이 없다. 인식의 길고 먼 여정에서 잠시도 쉬지 않고 우리는 자기로부터 멀리 떨어진 장소에서 자신을 볼 수 있는 능력 즉 자신의 존재를 대상화 대타존재화(對他存在化) 할 수 있는 능력을 잃어버려서는 안 된다. 이를 통해 삶 속 자기 존재를 볼 수 있기 때문이다.

　　존재와 떨어진 철학은 삶에서 멀어진다. 삶과 괴리된 철학은 그 가치가 사라진다. 아니, 철학이 삶과 괴리되면 이미 철학이 아니다. 철학과 삶의 괴리를 느낀다면, 그 철학을 잘못 이해했거나, 만일 제대로 이해했다면 그 철학은 철학이 아니다. 그는 이렇게 말했다.

49. 철학의 초보자

우리는 이제 자유정신과 고귀함에 들어서는 문을 지나 제 3의 탄생의 문을 지나고 있다. 처음부터 길을 같이 했던 시인이 이렇게 말했다. "존재 [나]의 모습이 조금 보인다. 또 다른 나를 느낄 수 있는데, 이것이 바로 [나]인가? 나의 작은 모습, 작은 의미가 드러난다. 나는 이제 존재 [나]의 길을 갈 수 있을 것 같다." 그는 자신이 존재 [나]를 발견한 것인지를 물었다. 사람들은 모두 [나]를 발견할 희망과 동요, 초조함이 교차하는 혼돈의 상태를 겪고 있다. 산에 오르기 시작했을 뿐이고 벌써 존재 [나]를 발견할 수 있다고 생각하지는 않는다. 언제 [나]를 발견할 수 있을 것인가? 붉게빛남은 이렇게 말했다.

존재 [나]의 발견은 다른 누구에게 묻는 것이 아니라 스스로 판단하는 일이다. 보통 [나]를 발견한 후 그때부터 험난한 여정을 출발한다. [나]를 발견하기 전의 오류와 그 흔적을 지우기 위해서이다. 이는 죽음을 앞두고도 불가능한 경우도 있다. 발견하고 아는 것과 그것이 자기 삶이 되는 것과는 다른 이야기이다. 단지 안다고 생각할 뿐인 것으로 자신을 망쳐서는 안 된다.

이 말을 듣고, [나]를 보기 시작했다는 시인은 무엇인가를 생각하더니 자신이 겪고 있는 [나]에 대한 급격한 인식 증대가 무엇을 의미하는지를 다시 물었다.

붉게빛남은 잠시 침묵하다가 인식의 과정에 대하여 이렇게 말했다.

인식의 중간 과정에 있는 철학적 초보자는 삶을 응시하는데 자신의 모든 사유를 소모하기 때문에 그 삶을 이루는 사람에 대하여는 소홀하기 쉽다. 서툰 그에게 지금 중요한 것은 삶의 의미와 가치 탐구이며 이로부터 벗어나 있는 대상, 즉 사람은 어느새 관심의 대상에서 멀어진다. 그는 자기 인식 속에서 모든 의미를 찾으려 하기 때문에 사람에게 관심을 가질 여유가 없으며, 삶의 의미가 자기 속에 모두 존재하는 것으로 판단하고 자신을 철저히 고립시킨다. 이 철저한 고립은 인식의 확대 과정에서 대부분 겪어야 하는 과정이며, 고립의 극복을 위한 탈출의 문을 스스로 발견해야 한다. 이 과정에서 자기 존재에 대한 발견을 경험하면, 인식 과정 중 가지는 철저한 고립 경험은 자신의 세계를 독립적으로 구성하는 기초가 된다.

그러나 이 철저한 고립 속에서 결국 빠져나오지 못하고 인식의 미로 속을 영원히 헤매는 자 또한 존재한다. 그는 자기 나름의 고립적 삶의 세계를 구성하면서 불완전한 자기 세계로 다른 사람에게 다가서기도 한다. 사실 우리 대부분이 그렇다. 그러나 이 같은 미로 속에서 벗어나 자기 존재 속 철저한 고립 인식의 감옥 으로부터 탈출한 인식자는 어느새 자신이 새로운 공간에 존재함을 발견하게 된다. 그는 자신 속에도 타인 속에도 아닌 '제3의 위치'에 자신이 존재함을 인식한다.

그는 모든 삶의 의미와 가치의 기준이 자신이 아닌 자신을 포함한 인간 일반으로 변화되어 있음을 어느 순간 깨닫는다. 그는 '철저히 탐구된 자신'을 중심으로 모든 가치를 재구성하며 자신이 확신했던 신념을 수정한다. 자신에 대한 철저한 인식을 완성한 인식자는 자기 인식의 오류를 오히려 즐거워하며 이렇게 통합 사유를 만들어간다.

자기 존재 [나]를 발견하면 비로소 새로운 인식의 단계가 시작한다. 자신의 인식 방향이 명확해지는 것이 [나]를 발견한 증거인가? 그리고 그는 이렇게 말했다.

다른 사람에 대한 자신의 우월감이 오랫동안 지속되면 자신을 인식의 초보자라고 생각하면 된다. 인식의 세계로부터의 고립을 극복하라. 인식만으로는 삶을 유지할 수 없다. 자신의 존재로, 그리고 의지로 함께 통합하라. 만일 이것이 불가능하다면 바람직하지는 않지만, 그와 같은 초보적 인식 상태를 서둘러 파괴해야 한다. 현재 가지고 있는 자기 생각 그리고 자기 철학을 모두 파괴하라.

우리는 인식의 세계뿐 아니라 존재의 세계, 의지의 세계

제3의 탄생을 통한 존재의 탐구

에도 고립되어서도 물론 안 된다. 인식의 급격한 증대 현상은 철학을 자신의 길로 생각하고 나아가는 철학자 대부분에게 일어나는 현상이다. 인식의 정도에 따라 자신의 생애 동안 몇 번의 경험을 할 수도 있다. 그러나 존재·의지·인식의 통합 사유 공간 증대가 아닌, 인식만의 부분적 증대 현상은 사람의 기억력에 따라 그 수명이 정해지는 일시적인 지식의 확대에 그칠 뿐이다.

존재론 2 다

50. 미학과 아름다움

존재 [나]에 대하여 고민하고 있을 때, 한 미학자가 무엇을 아름답다고 말할 수 있는지를 그리고 그 아름다움은 누가 만드는 것인지를 물었다. 붉게빛남은 모두에게 이렇게 말했다.

고귀한 자는 아름다움을 창조한다. 그는 창조의 특권이 있다. 아름다움을 찾아 사람들이 자신의 시간을 잃어버릴 때, 그들은 자신 속의 흙과 바람으로 아름다움을 형상화한다.

고귀한 자의 관심은 숭고한 것에 국한한다. 한 미학자_{하르} 트만 (Nicolai Hartmann) 는 미학을 이렇게 정의했다. "미학은 미를 창조하는 자나 감상하는 자의 것이 아니라, 이 양자의 행태나 자세에 의문을 품고 생각하는 자의 것이다." 이 정의대로라면, 우리 시대 예술가는 미의 창조자 역할보다는 미학자 역할을 선택해 버린 것 같다. 이제 아름다움은 비평가 손에 의해 결정되는 저급의 가치로 전락할 위기에 있다.

이 위기는 창조의 특권을 가진 자에 의해서만 극복될 수 있다. 아름다움(美)을 창조하는 자는 미학의 세계관을 초월한다. 진정한 미의 창조자는 미학자의 평가 대상이 되지 않는 미를 창조한다. 그는 제삼자가 관여할 수 없는 미를 창조하기 때문이다.

그는 절대적 미에 관하여 이렇게 말했다.

진정한 미는 감상의 대상이 아니라 우리 삶을 구성하는 근본 요소이다. 아름다움이 감상의 대상이 되면 이미 그 생명을 마친다. 전시회장 속의 예술 작품에서 살아있는 미를 느낄 수 없듯이 우리 삶 속에 동화된 아름다움만이 진정한 미의 창조자의 관심을 끈다. 미학자를 위한, 전시회를 위한 미가 아닌, 삶을 위한 미를 창조해야 한다.

잃어버린 아이를 찾아 헤매다 사람 많은 광장에서 다시 아이를 찾았을 때의 감동은 논리가나 해설가기 필요 없다. 진정한 미는 삶과 맞부딪혔을 때, 삶을 그렇게 변화시키는 힘 있는 아름다움을 의미한다. 그는 이렇게 말했다.

51. 인도자의 사유 창조

산속 절을 떠나 다시 산을 오르기 시작했다. 나뭇잎 사이로 비추는 햇빛은 사람의 모습을 계속 변화시켰다. 산길을 걷는 사람의 소리가 산을 깊게 만드는 느낌이다. 자유를 위해서 모인 사람은 오두막 카페, 산길과 작은 절에서 더 많은 사람으로 늘었다. 처음부터 함께한 사람은 자신의 숨겨져 있는 존재 [나]를 찾기 위해 붉게빛남과 함께 길을 떠났었지만, 나중 합류한 사람은 아직 왜 이 여정에 동참하고 있는지 잘 알지 못한다.

길을 걷는 소리에 작은 동물은 길을 비켜주었다. 한참을 걷자 물소리가 들리기 시작했으며, 가을 한낮의 따뜻함과 계곡의 물소리는 마음을 깨끗이 씻어주는 듯한 '맑음의 관념'을 우리에게 쏟아붓고 있다. 이 맑음의 관념 속에서 우리를 둘러싸고 있는 모든 혼탁한 것이 씻겨 나갈 수 있다면 존재 [나]의 모습이 드러날 수도 있을 것이다.

계곡 근처에 도착하자 우리는 계곡의 물소리를 들으며 조용히 물의 흐름을 보기 시작했다. 물 위에는 나뭇잎이 떨어져 흐르다, 작은 타원을 그리며 돌며 작은 바위에 부딪힌다. 물소리는 어디서 시작하는 것일까? 바위와의 부딪침인가, 물흐름 속에서 나는 것인가? 그 소리가 계속 변화한다.

그때, 철학자가 제3의 탄생을 위하여 우리가 실제로 해야 하는 것이 무엇인지를 물었다. 붉게 빛남은 이렇게 말했다.

제3의 탄생을 한 그는 주위의 모든 개념과 사유를 자기화 시켜 새롭게 창조함으로써 단순 지식 전달자로부터 우리를 보호 한다. 나태한 지식의 전달자 무리 속에서 그를 구별하는 것은 그 의 삶 주위에서 숭고함이 발견된다는 것이다. 우리는 그의 목표 와 행위를 참고하고 지향해야 한다. 그의 삶은 우리가 아름다움 과 가치의 창조자로서 탄생하는데 필요한 [방향]과 그 힘을 개척 하기 위한 [목표]를 제시하며 그 길을 따르지 않을 수 없는 매혹 적인 성찰을 제시한다.

대상이 창조될 때 창조는 그 원인을 가진다. 그러므로 제3 의 탄생을 통한 숭고함의 창조자로서의 역할을 수행하기 위해서 는 숭고함의 기원에 대한 인식을 게을리해서는 안 된다. 우리는 삶 속에서 이 지고의 가치를 이루기 위한 탐구를 지속시켜 나가 야 할 것이며, 숭고함은 우리의 중요한 사유 영역을 오랫동안 차 지할 것이다.

인간의 역사가 지속하려면, 신이 창조했던 것과 크게 다 르지 않은 창조가 지속되어야 한다. 인류의 역사는 창조의 역사 이다. 생존의 의미는 자유와 그를 통한 창조이다. 제3의 탄생을 한 숭고한 자는 사람이 창조의 힘을 가질 수 있도록 그를 인도하

고 자극해야 한다. 누가 그들을 인도할 것인가? 우리 역사 각 시
대에 있어, 그 시대를 이끌 삶의 철학이 창조되지 않으면 가치의
양립에 의한 상호 투쟁은 역사를 너무도 쉽게 파멸의 길로 들어
서게 해왔다.

우리에게 지금 필요한 것은 지식의 진보에 상응하는 숭고
함, 자유로움, 삶의 가치 창조 그리고 통합 철학이다. 우리의 새
로운 제3의 탄생을 위해 우리가 해야 하는 것은 이렇게 결정되어
있다.

제3의 탄생을 위해 우리가 무엇을 해야 하는지는 이미 결
정되어 있다.

52. 우리 시대 문학과 철학의 착각

이 말을 듣고 있던 법률가가 그렇다면 반대로, [나]를 찾기 위하여 그리고 제3의 탄생을 위하여 자신을 탐구하는 자로서 행해서는 안 될 일을 다시 물었다. 붉게빛남은 해야 할 일을 하는 한, 그 일이 너무 많기 때문에, 하지 말아야 할 일을 걱정할 필요는 없다고 하면서 이렇게 말했다.

부를 소유한 자의 자서전에서 그가 어떻게 성공했는지 그의 생각과 경제적 성공을 위한 삶의 방식이 무엇인지가 책으로 출판된다. 마치 그가 우리 삶의 모델인 것처럼 사람의 호응을 유도한다. 자기 의지가 결여된 에피소드적 글이 수필로 둔갑하여 삶의 진실을 내포하고 있는 것처럼 주장하고 비슷한 생각의 평론가에 의해 가치가 높게 평가되기도 한다. 작가 의식이 결여된 작가의 글이 사람들의 환호를 받고 그 영향으로 삶에 있어서 그 의미도 알지도 못한 채, 그의 생각에 자신의 젊음을 거는 자를 바라볼 때 비애감마저 느껴진다.

시대 정신을 이끌어가는 것처럼 착각하는 작가와 학자는 삶의 철학을 망각한 채 책과 글을 끊임없이 발표하고 있다. 이는 생각 있는 사람에게는 웃음거리일 뿐이다. 민중 철학에서 조금 불행한 우리는 그 절름발이 누더기 웃음거리 철학을 삶의 진실로 착각하고 있다.

우리 삶의 정신적 빈곤화가 너무 많이 진행되고 있다. 웃음거리를 제공하는 그로부터 눈길을 돌려야 한다. 자신을 알리려는 여인의_{양귀비} 절규와도 같이 우리를 유혹하더라도.

우리가 읽을 만한 가치 있는 책은 어디에 숨어 있는가? 깊은 사유 없이 다수 사람이 추천하는 책은 이제 그만 읽는 것이 좋다.

53. 세가지 작가 의식

　　한 작가가 사람에게 의미와 가치를 주는 글을 쓰는 작가의 조건에 관하여 물었다. 붉게빛남은 이렇게 말했다.

　　작가는 글을 통해 자기 철학 속으로 일반 대중을 이끌 수 있는 완전한 철학을 만들고 또 전달하려는 사명을 가져야 한다. 현대 작가 대부분의 특징은 그의 사상이 혼돈 속에 있다는 것이다. 그는 자신의 박식한 지식과 특정 분야에 대한 이해를 전달하는 지식의 전달자로서 역할에 만족해한다. 이제 작가의 특징은 해박한 지식의 소유자로서 인지되고 있으며, 작가의 얼굴에서 몇몇 작가는 제외하고 자기 철학의 완성을 위한 고뇌의 흔적을 찾아볼 수 없다.

　　작가는 분출되는 듯한 자기 철학의 '충만'이 필요하다. 이 '충만'의 결여는 지면을 채우기 위한 백과사전식 지식 도입을 피할 수 없게 한다. 처음에는 독자에게 자신의 해박함을 자랑할 수 있고 독자 또한 그것으로부터 만족감을 느낄 수 있다. 그러나 작가 자신이 가진 철학의 불완전성에 기인한 저술 여기저기서 드러나는 생각의 불일치 현상은 오래지 않아 작가의 능력에 대한 비판에 직면할 것이다. 그러므로 자신의 완전한 철학과 사상에 도달하지 못한 초보적 작가는 몇 권의 가벼운 책으로 독자와 타협하게 되고, 어느새 작가로서의 생을 마감하게 될 것이다. 이제 그는 더는 작가가 아니며 독자를 이용하여 돈을 버는 지식의 장사꾼이다. 이로부터 자신을 위로하는 유일한 방법은 사람들로부터의 호평에 매달리는 것이다.

진정한 작가로서의 탄생을 위한 또 다른 조건은 가치의 창조자로서의 역할에 대한 끊임없는 노력이다. 주변의 다양한 삶의 요소를 인식하고, 이로부터 그것을 자신의 의지로 재구성하여, 이 재편된 삶의 요소를 통해 사람들을 이끌 가치를 제시하려고 시도해야 한다. 어떤 작가가 사람들로부터 호평을 받지만 그들로부터 존경을 받지 못하는 이유는 이와 같은 삶의 가치 창조자로서의 역할을 포기했기 때문이다.

위대한 작가가 되기 위한 마지막 조건은 인간 일반에 대한 존경심이다. 위대한 작가는 사람들을 가장 뛰어난 비판자로 생각하고 글을 발표해야 한다. 그러므로 자신의 분야에서 최고의 전문가가 되기까지 책 출간은 보류하는 것이 좋다. 일반 대중들을 자신보다 우매하다고 생각하는 것은 작가의 또 다른 오류이다. 그렇다. 대중들은 비록 지식은 부족할지는 몰라도 그 책의 가치를 느끼고 판단하는 일에는 민감하며 또한 철저하다. 자신이 책이 호평을 받지 못한다면 그 탓을 독자에게 −독자의 우매함으로− 돌리지 말라. 사람에게 삶의 의미를 깨우치게 하고 자기

책의 철학을 자기 의지대로 사람들에게 전파하기 위해서는 그들을 압도하는 준비된 창조성과 삶을 이끌 새로운 가치를 제공해야 한다. 시대를 대표하는 작가가 되고 싶다면 천재성만으로는 불가능함을 잊지 말 일이다. 고귀한 작가로서 사람의 새로운 탄생을 돕기 위해 네 가지 작가 의식으로 점철된 소중한 글을 완성하기를 바란다.

작가는 새로운 가치 창조에 대한 책임이 있다. 각 시대를 이끌었던 작가는 군주와 시민 사이의 평등 가치를 창조했고, 인종 간 평등의 가치를 만들었으며, 남녀 간의 평등 가치와 함께 독재와 억압으로부터 자유의 가치를 주장했다. 지금까지 발견하고 창조하고 유지하고 있는 가치가 아닌, 우리 시대 새롭게 만들어야 하는 가치는 무엇인가? 삶을 평화롭고 평온하게 바꾸는 일인가?

54. 시인의 거짓말

가르침에 감사를 표하면서 시인은 우리 시대 시가 가지는 문제와 오류가 무엇인지를 물었다. 붉게빛남은 이렇게 말했다.

누구도 진리를 가르칠 수 없다. 이미 있는 진리를 이야기할 뿐이다. 세상은 이미 진리로 가득 차 있으며 그 진리에 역행하지 않기를 바랄 뿐이다. 누군가 아무리 소중한 교훈을 말해도 진리는 가르칠 수 없는 것이며 각자 스스로 발견하는 것이다.

어느 인식론자는 니체(Friedrich Nietzsche) "시인은 거짓말을 너무 많이 한다" 고 했는데, 이 말은 우리 시인이 가지는 오류를 대변해 준다. 그는 아름답고 고상한 시어의 탄생을 위해 노력하기는 하지만 시적 운율과 정서에 맞지 않는 고상한 단어만을 수집한다. 그 결과, 시는 운율을 무시당한 채, 이상한 산문의 조각으로 전락한다. 어처구니없게도 홍수와 같이 쏟아지는 거짓 시는 가슴으로부터 쏟아지는 열정의 발산과도 같은 위대한 시와 어깨를 나란히 하고 싶어 한다.

우리 시대는 운율, 정서, 호흡의 자연스러움을 그 본질적 특성으로 하는 진정한 시의 감성 창조 능력의 상실과 함께, 그것을 읽는 사람의 감상 능력마저 상실해 가고 있는 것 같다. 시인이

되고 싶은 순수하고 맑은 가슴의 소유자, 가슴 속 열정을 발산시켜 버려야 하는 뜨거운 가슴의 소유자가 잊어서는 안 되는 것이 있다. 그것은 시의 거짓과 참을 구별할 능력이 있는 자는 절대로 시의 본질을 망각한 단순히 고상한 단어의 집합으로 구성된 시를 끝까지 읽지 않는다는 것이다.

운율과 정서, 호흡과 자연스럽게 동화되지 않는 고상한 단어의 조합이 시로 둔갑하면, 그 시는 모두 거짓말을 하고 있는 것이다. 잊어서는 안 되는 이 시적 본질을 누가 지켜나가겠는가? 우리는 맑고 순수한 시인, 그를 기다린다.

55. 시의 본질

시인은 구름, 햇볕, 바람으로 존재 [나]를 형상화한 시를 이렇게 소개했다.

"추운 겨울 한낮에 바다 보다가, 햇볕 드는 돌담 뒤로 바람 피하면 | 이렇게 바람이 부드러운가, 파도 소리 이렇게 부드러운가 | 구름과 해님이 서로 장난해, 가끔씩 나오는 따뜻한 햇볕 | 이렇게 햇살이 부드러운가, 저 구름 만지면 부드러울까 | 눈감고 부드러운 햇살 맞으면, 부드러운 바람이 얼굴 만지면 | 저 구름 내려와 포근히 감싸, 잘 못하면 잠이 들까 눈을 뜹니다."

시는 운율과 호흡이 필요하다. 시인은 시의 본질을 관통하는 완전한 시를 통하여 자유정신, 고귀함 그리고 제3의 탄생을 이루려 한다. 계곡의 물소리는 운율과 호흡을 이미 완벽히 맞추고 있다. 시인은 시의 본질에 관하여 물었고 붉게 빛남은 이렇게 말했다.

시의 본질은 생각을 감성으로 표현하여 이성으로부터 얻을 수 없는 급격한 사유 공간의 확장을 이끈다는 것이다. 시는 인간의 감성을 자극해야 한다. 시에 이성과 논리를 사용하지 말라.

시는 운율, 정서 그리고 호흡의 자연스러움을 그 특징으로 한다. 시에 산문을 사용하지 말라. 꼭 산문을 써야 한다면, 그것을 '시'라고 거짓말하지 말라. 시의 본질적 특징을 완전히 갖추지 못한 어설픈 단어의 집합체 같은 시는 인간의 감성을 자극할 수 없을 뿐 아니라, 의도했던 시적 감성 세계를 변형해 전달한다. 이와 같은 기형적 시는 논리적 사유에 대한 미련을 버리지 못하는 이성적 부류의 시인의 산문성에 기인한다.

자신의 시적 감성 세계가 변형되거나 거짓되게 표현되지 않기 위해서 시인은 자신으로부터 철저히 이성을 추방하고 순수 감성 세계 속으로 자신을 이끌어야 한다. 그러므로 시에 대한 열정을 가진 자가 가장 먼저 시작해야 하는 일은 이성과 감성의 분리이다.

시인은 자기 내부로부터 솟구치는 감성의 열정을 표현할 뿐, 무엇인가 의도를 가지고 시를 만들어서는 안 된다. 의도를 가진 시는 시적 정서로부터 벗어나지 않을 수 없고, 이 이탈은 사유 세계를 감성적으로 표현하는 시의 본질로부터 멀어지게 한다.

시인은 자신이 느낀 것만을 표현해야 하며, 의도를 표현하기 위해 느낌을 조작해서는 안 된다.

시인은 시의 운율을 창조할 수 있는 능력과 민족 정서에 대한 완벽한 이해를 위한 오랫동안의 학습과 연습을 해야 한다. 운율 창조 능력을 타고난 몇 명의 천재적 시인이 김소월(金素月) 아니라면, 운율을 조화롭게 선택하여 호흡과 자연스럽게 동화시키는 능력을 끊임없이 준비하고 배양해야 한다. 시인은 자기 민족에게만 시인으로서 존재할 뿐, 다른 민족에게는 더는 시인이 아니다. 시로써 다른 민족에게 인정받으려는 욕심은 버리는 것이 좋다. 시인은 일생을 통하여 진정한 몇 편의 시를 쓸 수 있다면 하늘에 감사해야 할 것이다. 우리는 그와 같은 시의 탄생을 기다린다.

시는 솔직해야 한다. 산문은 복잡하고 위대한 문호의 글이라 하더라도 의도가 잘 파악되지 않는다. 왜냐하면 그 자신도 자기 글의 진실성에 대하여 확신하지 못하는 경우가 많기 때문이다. 시는 사람이 고귀함을 표현할 수 있는 거의 유일한 수단이다.

물이 흐르고 바람은 불고 해가 머리 위에 있다. 지금 모든 것이 일단은 예측 가능하다. 그는 앞으로 얼마나 우리 질문에

답할 것인가? 오랫동안 기억될 편안한 오후다.

56. 즐거운 본능

이번에는 심리학자가 본능이 우리 삶에 어떤 역할을 하는 지를 그리고 그 본능은 제3의 탄생에 어떤 영향을 미치는지를 물었다. 이 물음에 붉게빛남은 이렇게 말했다.

본능은 생존, 성취 그리고 즐거움을 지향한다. 인간은 본능적으로 타자를 사랑하며 본능적으로 미지의 세계를 추구한다. 새로운 지식에 대한 본능적 열의를 가지고 있으며 자신의 삶에 지식을 응용하려는 본능이 있다. 그리고 자신의 힘을 증대시키려는 본능을 가진다. 이를 통해 생존하고 성취하며 즐거워한다.

본능과 즐거움 사이의 적절함은 인간이 가질 수 있는 특권이다. 인간 본능에 대한 깊은 통찰에 도달한 자는 즐거운 상태를 유지할 수 있게 될 것이다. 그러나 우리는 본능과 비도덕적 음울함을 연결하며 본능을 억압하고 있다. 본능에 대한 억압으로부터 벗어난 즐거운 삶의 본능을 회복해야 한다.

자신을 제어하지 못하는 '유아적 그리고 향락적 쾌락'과 본능을 연결하려는 시도는 이제 그만두어야 할 것이다. 인류 역사상 우연히 권력을 잡은 겁쟁이가 가장 두려워하는 것은 인간의 본능이다. 인간적 본능은 자유를 지향하며 이로써 우리 인간은 발전한다. 일반적으로 본능이란 자기 의지와 무관하게 발생

하는 행동과 사고를 말한다. 인간 내부에 존재하는 자유를 향한
본능을 발굴하고, 그것을 표출하라.

　　삶에 유익한 본능이 억압되는 원인은 자기 삶 속 왜곡되
고 유아적이며 향락적인 쾌락적 본능이 내면에 숨어 있는 즐거운
삶의 본능과 싸우고 그를 제압하기 때문이다. 삶 속에서 유익한
본능이 향락적 본능에 의해 추방되고 있다. 이는 우매하고 겁 많
은 권력자에 의해 강제되고 어리석은 교육자에 의해 교육되어 우
리에게 주입된 삶의 어두운 가치 전도이다. 사랑, 탐험, 탐구, 자유,
창조, 우정, 정복, 이 즐거운 본능을 이성의 기원으로 돌리지 말고
자랑스럽고 즐거운 본능으로 회복하라.

　　우리는 인간적 본능을 긍정해야 한다. 이 본능이 제3의 탄
생을 위한 중요한 요소임이 분명하다. 본능에 즐거움을 부여하자.
그는 이렇게 말했다. 그렇지만 사악하고 나태한 본능은 어떻게 할
것인가?

57. 억압된 의지적 본능의 회복과 자유인으로의 탄생

심리학은 사람의 마음에 대한 지식을 탐구하고 많은 사례와 기법으로 사람의 마음을 분류하고 일반화하는 학문이다. 질문에 참여하고 있는 한 심리학자가 우리가 어떻게 본능에서 자유로울 수 있는지를 다시 물었다. 붉게빛남은 나뭇잎을 하나 주운 후, 이렇게 말했다.

본능은 자신의 의지와 무관한 [무의지적 본능]과 자신의 의지에 의해 표면화되고 발전되는 [의지적 본능]으로 구분된다. 기본적 생존을 위한 호흡과 같은 '무의지적 본능'은 여기서 논외로 한다. '의지적 본능'은 그것이 표면화되고 인간 자신에게 작용하기 시작하면 [의지적 인식화]를 진행한다. 그러므로 의지적 본능은 '조건적 본능' 또는 '숨겨진 내면적 본능'이라 할 수 있다. 본능은 또 다른 의지이다. 의지는 제어할 수 있는 것이다. 본능을 어쩔 수 없다고 체념하지 말라. 오해하지 말라. 다시 한번 말하지만, 본능은 또 다른 의지이다.

억압된 내면적 의지적 본능을 부활시키기 위해 우리에게 강제되어 주입된 기존 어두운 가치에 대한 전도를 일으켜야 한다. 이는 어려운 일이다. 부, 권력, 명예, 대상, 감각, 생각, 행동,

사상으로부터 독립적인 존재에 대한 인식을 통해 자기 의지 본능을 회복하는 순간, 쇠사슬로 사람들을 속박하고 있는 기존 가치에서 벗어나 자유인으로 새롭게 탄생할 것이다. 이로써 누구에게도 지배받지 않는 '비밀의 문'에 들어선다. 물론 어려운 일이지만, 불가능한 일도 아니다.

인간적 '힘의 본능'인 '존재와 인식 본능'이 억압되고 있다. 하이데거가 '존재와 시간'에서 주장한 '그들'과 같은 무리가 우리에게 편안하고 안락한 삶에의 환상을 꿈꾸게 하여, 삶을 구속한다. 이 환상을 극복하려는 자는 '그들'로부터 철저히 격리된다. 안락한 삶의 환상을 위한 노예적 삶을 꾸리지 않으면 오히려 사람들로부터도 이단자로 추방당하게 될 운명이다. 이는 원래 지배자의 통치 수단이었는데 말이다. 우리는 지금 혹시 푸줏간 앞의 개의 신세가 아닌가? 고기와 뼛조각은 먹고 싶지만, 주인의 매 때문에 접근할 수 없는 개의 신세가 아닌가?

비도덕적이고 음울한 것으로 세뇌되어 숨어버린 존재와 인식에 대한 본능을 이제 의지로써 회복해야 한다. 존재와 인식을 의지(意志)하는 삶으로 나아가라. 우매한 지식인과 학자가 그렇게 비참하다고 주입한 삶으로, 편안하지도 안락하지도 않은 삶으로 나아가라. 진정한 자유를 누리면서 삶을 완성하는 곳으로, 마음속 억압된 존재에의 본능, 인식에의 본능을 자극하여 인간 고귀함의 공기, 절대 자유의 공기를 호흡해보지 않겠는가?

자유인은 미래를 위하여 현재를 희생하지 않을 뿐만 아니라 현재의 즐거움을 위해 미래를 희생하지도 않는다. 그는 자신의 진정한 자유를 성취하는 데 대부분의 시간을 사용하기 때문이다. 이제 억압에서 벗어나 자신의 존재 속으로, 자신의 인식 속으로 자유롭게 여행하는 절대 자유인으로 새롭게 태어나라. 용기를 내라. 자신의 존재를 보는 것만으로도 자유로워질 수 있다. 본능으로부터 자유롭기 위해서는 본능을 의지화해야 한다.

제3의 탄생은 숨어있는 자신의 존재, 인식, 의지의 발견을 통해 자유인으로 재탄생하는 것이다. 자유 상태에서는 본능도 예외는 아니다. 제3의 탄생을 통해 잃어버린 나를 찾을 수 있다면 자유로움을 회복할 수 있을 것인가?

58. 우리의 철학

계곡 바람은 향기로운 흙냄새를 느끼게 해준다. 가을 산의 소리에 맞추어 대화는 천천히 그리고 조용히 진행되고 있다. 한 미래학자가 사람이 끊임없이 서로 투쟁하고 그들 간 파괴적 관계를 개선하지 못하는 이유가 무엇인지를 물었다. 붉게 빛남은 사람들에게 이렇게 말했다.

사람의 분열과 반목은 모두를 설득하는 힘 있는 철학의 결여에서 유래한다. 우리 철학은 지배를 위한 수단으로 전락한 유교 철학, 사람의 인식 수준 향상을 도모하기에는 타락해버리고 너무 깊이 은둔해버린 종교 철학, 근대화의 한 방편으로 밖에는 생각되지 않는 실용주의 철학, 혁명의 수단일 뿐 사람을 생각하지 않는 공산 철학, 이 철학들은 모두, 사람을 이끌 근원적 힘을 갖지 못한다. 철학자들은 책 속에 그리고 산속에 오랫동안 있어 사람을 설득할 힘이 약해졌다.

우리 사회는 불행히도 사상의 근원이 불명확하며 인식 능력 배양을 위한 적절한 토양을 갖지 못했다. 물론 인류 역사를 통해 위대한 사상으로 인간의 행복을 이끌었던 시대를 발견하기는 쉽지 않다. 이는 우리 시대, 단지 한국 사회만의 문제는 아니다.

그러나 물질적 빈곤 속에서도 우리 인간은 지금까지 오랜 역사를 통해 그 시대사상이 뿌리를 내리고 정신적 고양을 달성하기 위한 노력을 유지해 왔다. 그런데 지금 우리 사회에서는 사정이 많이 악화되었다. 문명이 발달함에 따라 사람이 이익을 달성하기 위한 삶의 방식이 복잡해지고 이에 따른 철학도 다양하게 분열되고 있다. 철학 사상의 분열은 사람의 분열을 일으키며, 결국 통합된 철학의 부재는 사람을 계속 분열시키고 파괴할 것이다.

정신적 철학 사상 빈곤의 시대 속에서 우리는 얼마 버티지 못한다. 물질적 풍요에 기반한 가치에 대한 잘못된 환상은 이미 잘 알고 있지 않은가? 우리 목표는 사유 영역 확대와 발전이다. 이 무한한 영역에서 평온과 전율을 느끼게 하는 존재의 세계에 몰입하고, 자기만의 미지의 가치와 질서를 발견하기를 바란다. 자기 존재의 세계로, 지금 떠나라.

인류는 언제나 정신적, 사상적으로 고양된 소수가 우리의 생존과 삶의 가치를 이끌어 왔다. 자신을 그 숭고한 소수로 만들라. 그리고 사람을 이끌라.

이제 산으로 가라. 화가가 그린 아름다운 수채화를 보고 우리 깊은 산을 어처구니없게 상상하지 말라. 산에 올라 그 실체를 확인하라. 우리의 새로운 탄생을 위하여.

무한 존재인 [나]는 깊은 산에 비유된다. 산은 계속 변화한다. 계절마다 변하며, 낮과 밤에 따라 변하며, 비가 오면 또다시 변한다. 꽃 속에서 봄을 찾는가? 단풍잎 속에서 가을을 찾는가? 우리 삶과 존재 [나]는 모두 수채화로 표현할 수 없음은 틀림없다. 끊임없이 변화하는 깊은 산처럼 변화하는 [나]의 실체는 무엇인가?

59. 절대적 철학의 준비

이렇게 존재 [나]에 대하여 생각하고 있을 때, 한 신학자가 그렇다면 사람의 분열과 파괴로부터 벗어나게 해주는 통합철학이 무엇인지를 물었다. 붉게빛남은 이렇게 말했다.

인간의 사고와 행동을 지배하는 절대적 통합 사상의 탄생은 인류 역사의 시작부터 기대해 온 인간의 철학 목표이다. 이 목표는 성숙한 철학적 토양 속에서 싹트며 자라날 것이다. 절대적 통합 철학의 탄생은 오랫동안 준비해야 한다. 그러므로 비록 우리가 절대적 철학의 완성자 역할은 할 수 없어도, 그 토양을 비옥하게 하는 인도자, 교육자의 역할마저 포기해서는 안 된다.

철학을 마음에 둔 사람은 시대 정신의 철학적 완성, 통합철학을 목표로 해야 한다. 우리 인간은 20세기 초 철학으로 백 년을 유지해왔다. 우리는 지금 다시 새로운 철학이 필요하다. 파괴와 혼돈으로부터 인류를 지킬 수 있었던 것은 사람을 인도했던 위대한 정신이었다. 우리는 중요한 사명을 가지고 있다. 새로운 100년 동안 우리를 인도할 새로운 사상의 정립을 더욱 갈망한다. 이제 젊은 나이가 어린 것으로 오해 말라 인도자, 교육자는 시대적 절대 철학의 완성을 위해 잠에서 깨어나야 할 시간이다.

　　통합사유철학은 존재, 의지와 인식으로 구성된 철학이다.
이 세계는 선형 세계, 평면 세계 그리고 공간 세계로 구성된다.
내용이 방대하여 이에 대해서는 여기서 언급하지 않겠다. 이번
여정의 목적은 [나]를 찾기 위한 것이다. 통합사유철학에 대한
구체적인 이야기는 다음 여정에서 진행할 것이다.

　　우리는 지금 존재 [나]를 찾기 위한 문에 들어서야 한다.
선형 세계, 평면 세계, 공간 세계는 무엇인가? 다른 철학적 사유
는 뒤로 미룬다.

60. 즐거운 지식

한 가난한 자가 자신도 가난함 속에서도 아름답고, 평온하고, 자유로운 삶을 살 수 있을지를 물었다. 붉게빛남은 가난하지만 즐거운 삶에 관하여 이렇게 말했다.

단정하게 입고, 소박하게 먹고, 편안히 쉴 작은 공간이 있다는 것은 가난하지 않다는 것이다. 이를 위한 노력은 게을리하지 말라. 상대적인 가난은 지혜로운 자의 관심사는 아니다. 육체적, 정신적 능력 부족에 의해 상대적으로 빈곤하다면 그 빈곤은 인정하라. 자신의 능력 이상의 너무 많은 것을 바라지 말라. 그리고 자신만의 단정하고, 소박하고 편안한 공간을 조금씩 만들어가라. 가난으로부터 조금만 벗어나면 즐거움이 보인다. 그 즐거움을 보면서 아름답고, 평온하고, 자유로운 삶을 만들어가라.

가난하지 않으면, 지식은 그 즐거움과 향기를 잃는다. 지식을 자기 삶의 장식으로, 삶의 수단으로 하면 지식은 그 즐거움이 사라진다. 가난하지 않으면 철학과 진리는 삶의 구성물이 아니라 삶의 장식물로 전락하기 쉽다. 혹시 부를 가졌다 하더라도 가난하게 살라.

풍요에 겨운 게으르고 살찐 부자를 꿈꾸지 말라. 바로 그렇게 될 것이다. 단정하게 입고, 소박하게 먹고, 편안히 쉴 작은

공간으로 만족하고, 그 이상의 것은 그것을 갖지 못한 자를 위해 사용하라. 세상 사람 모두 그렇게 불행하지 않을 수 있다. 그가 조금 노력하고, 우리가 그에게 여분의 것을 나누어 준다면.

붉게빛남은 즐거운 지식에 대하여 이렇게 말했다.

우리 시대 교양 있는 자는 데카르트, 스피노자의 문장을 외우도록 교육받으며, 칸트의 범주론(範疇論)에 깊이 감동한 것처럼 행동해야 하고, 플라톤의 정의 개념에 머리 숙이도록 강요받는다. 이제 지식은 창고 속의 물건처럼 우리 머릿속에 보관되어 있고 이것을 지키느라 많은 시간이 필요하다. 가슴으로부터 느끼는 즐거운 지식은 우리에게서 멀어지고 있다.

철학 사유를 과학 지식처럼 생각하는 위험에 빠져있고 얼마나 많은 양의 철학적 글귀를 외우고 있는지가 교양인의 자질과 능력으로 평가된다. 우리는 지식으로부터 멀리 떨어져 당분간 깊은 계곡의 신선함을 마실 필요가 있다. 우리에게 필요한 것은 머리를 혼란 시키는 철학자의 유명한 글귀가 아니라 아직 작고 보잘것없을지 모르지만 자기만의 사유 공간 세계 창조이다.

즐거운 지식이 바로 자기 존재 속에 있다는 것을 아는데 너무 많은 시간, 젊음 대부분의 시간이 필요하다는 것이 안타깝다.

혼란스럽다. 편안한 삶이 나를 의미 있게 하는가? 사람들로부터 호평을 받는 것이 나를 의미 있게 만드는가? 결국, 실존적 존재 [나]에 대한 불분명이 삶을 혼란시킨다.

잃어버린 [나]를 찾기 위하여, 제3의 탄생을 통해 존재 [나]에게 눈을 돌리려 시도한다. 우리 중 몇 사람이나 시인이 경험했던 자기 존재 [나]를 어렴풋이라도 느끼고 있을까?

IV장. 나를 가라앉히다

하루에 하나의 진리를 깨달아도 깨달음의 끝이 없구나.
그대는 삼만 육천 오백 아침마다 다시 어리석어 지리라.

투명성을 통한 존재의 탐구

지금 나를 꿈꾼다. - 5년 후를 꿈꿀 때 그 꿈은 저 먼 산 너머였고, 10년 후의 꿈에 젖었을 때 그 꿈은 보이지 않는 저 하늘 너머였다. 그런데 30년 후에 꿀 꿈을 한 번 생각해 보면 지금 여기에 있는 내 모습 아닌가?

61. 철학자들의 비밀 노트

계곡을 떠나 다시 산을 오르기 시작했다. 가파른 산길을 오르기도 하고 완만한 능선을 따라 기분 좋은 좁은 산길을 지나기도 했다. 왼편 산언덕과 오른편 가파른 경사 사이에 만들어진 이 길이 신비롭다. 지금 산을 오르는 것은 사람들이 올라가기 때문이고 그들로부터 멀어지지 않기 위해서이다. 이 산을 오르면 아래 기슭에는 없는 것을, 산에 오른 자에게만 주어지는 것을 얻을 것이다.

이때, 갑자기 하늘이 흐려지고 빗방울이 굵어지기 시작한다. 가을 소나기다. 비를 피하기 좋은 곳을 찾아 모두 분주하다. 나뭇잎은 비를 머금고 깨끗한 모습을 자랑하듯이 붉고, 노란 그리고 아직은 남아있는 푸르름을 더욱 드러내고 있다. 조금 시간이 지나자 나뭇잎이 머금던 빗방울이 우리 머리로 떨어지기 시작한다. 바위 아래 비를 피할 수 있는 곳에서 잠시 비를 피하기로 했다. 오늘 가야 하는 산장까지는 아직 몇 시간 거리가 있다.

앞으로의 여정에 대해 생각하고 있을 때, 한 지식인이 우리가 알고 깨달아야 할 진리가 너무 많아 죽을 때까지 그것을 모두 알 수 있을지를 물었다. 붉게 빛남은 진리를 깨닫기 위한 삶의 무의미성과 진정한 진리에 대하여 이렇게 말했다.

철학이 학문화된 후, 철학자연(然)하는 학자는 자기 학문의 깊이를 지식의 양으로 판단하여 자신과 관련된 철학 분야에서, 자기 기억력을 능가하는 자가 없는 것을 확인하기 위해 열심이다. 이 확신을 지키기 위해 그는 자신의 학문 영역을 벗어나는 인식의 세계에 눈을 돌릴 틈이 없다. 그는 사람들에게 인정받기 위해 더욱 자신의 한정된 학문 영역에만 몰두하고 자기 영역의 중요성을 사람들에게 설득하기 위한 방법을 찾기 위해 대부분의 시간을 허비한다. 그는 자기 영역에 만족해하면서 마치 사냥에 자기 영역을 가지는 육식 동물과 같이, 그곳이 누구에게도 침범당하지 않도록 항상 경계한다.

철학자연(然)하는 학자는 새로운 가치를 제시하는 가치 창조적 철학자를 만나면 자기 사냥 영역이 허물어짐을 느낀다. 학자는 자신에 대한 본능적 방어로서 그를 비방한다. 학자는 자신의 노트 깊숙한 곳에 적어두었던 옛 철학자의 문구를 찾아내어 창조적 철학자가 자기 영역을 침범할 때, 자기 지식의 방대함에 미치지 못함을 들추어냄으로써 창조적 철학자의 불완전성을 애써 떠들어댄다. 우리 철학은 모든 학문을 포함하기 때문에 이 미숙한 학자와의 번거로운 만남은 필연적이다. 진정한 창조적 철학자에게 극복되어야 하는 대상은 일반 대중에 앞서 이 철학자연(然)하는 학자이다.

철학자연하는 학자뿐 아니라 우리 소중한 철학의 초보자 또한 알아두어야 할 것은 이 세상 모든 철학적 사유, 모든 철학자의 위대한 정신은 이미 자기 자신의 사유공간 세계 속에 존재한다는 사실이다. 학자의 노트 속, 옛 철학자의 화려한 문구도 우리 사유 속에 있으며 고대 동서양의 모든 놀라운 철학적 발견 또한 우리 사유 속에 존재한다. 철학자연하는 학자가 자기 전체 삶을 통해 얻은 지식의 보고(寶庫)도 벌써 우리 사유 속에 존재한다. 이로써 철학자연하는 학자의 자랑스러운 노트는 인식 철학자 앞에서는 더는 그 영역을 보호해줄 수 없다.

철학을 시작하는 자는 지식의 격류에 휘말리지 말아야 한다. 그 격류로부터 벗어나 자기 사유 공간에 대한 끊임없는 인식에 자신을 몰두하라. 즐겁고, 고귀한 지식은 저명한 철학자의 문구로부터가 아니라 자기 사유를 통해 진리에의 길을 스스로 발견할 때, 삶을 밝게 비추는 평온한 즐거움으로 조용히 찾아들 것이다.

지금이라도 사람을 이끄는 철학자가 되고 싶은 자는 자신을 억누르는 두꺼운 노트를 서둘러 버리는 것이 좋다. 자기를 가볍게 하는 자만이 진리의 산에 오를 수 있다. 자꾸 알려고 하지 말고, 자신이 가지고 있는 오류를 가라앉혀라. 혼탁한 지식의 먼지가 가라앉으면 '투명한 자기 존재'가 드러날 것이다.

[나]를 발견하기 위해서는 투명해져야 한다. 이것이 실존을 발견하기 위한 네 번째 비밀의 문이다. 우리는 투명한가? 타자(他者)의 지식과 철학으로 온통 가득 차 있지 않은가? 어떻게 가라앉힐 것인가? 어떻게 새롭게 수용하는 철학적 사상과 지식을 자기 투명성을 유지하면서 받아들일 수 있겠는가? 즐거운 과제이다. 그는 이렇게 말했다.

62. 쾌활성과 명랑성

　　비가 새로운 길을 만들 기세로 세차게 내린다. 바위 아래에서 비를 피하면서 비가 만드는 작은 계곡을 보고 있다. 산의 본질은 수채화 그림 속의 산이 아니라 끊임없이 변화하는 말로 표현할 수 없는 산이다. 수명이 다할 때까지 말해도 다할 수 없는 것, 우리가 찾으려는 실존 [나]도 그런 것 아닌가? 직접 산속으로 들어와 비를 맞기도 하고 계곡 물소리도 듣기도 하며, 따뜻한 돌계단에서 햇빛을 맞는 자만이 산을 알 수 있듯이, 존재 [나]를 탐험하면서 하루하루 살아가는 삶 속에서 바로 [나]를 끊임없이 발견해야 하지 않겠는가?

　　그럼 존재 [나]를 발견한다는 것은 무엇인가? 진정한 [나]를 알면 우리 삶의 여정이 바뀔 것이다. 그것은 존재 [나]가 아닌 거짓 '나'를 위해 삶의 목표를 세우고 살아가는 우리 어리석음으로부터 벗어나게 해줄 것이고 아름답고, 평온하고, 자유로운 삶을 선물로 줄 것이다.

　　이런 생각을 하고 있을 때, 심리학자가 우리 주변에는 웃음을 만들어주는 쾌활한 자가 있는데, 아무리 그와 함께 쾌활하게 웃고 떠들어도 그것이 우리에게 근본적인 즐거움을 주지 않는 이유를 물었다. 붉게빛남은 쾌활함의 본성에 관하여 이렇게 말했다.

쾌활함은 가볍고 즉흥적이며 감각적이다. 인간의 감정이 일시적이며 지속적이지 못할 때, 그것은 자기 자신으로부터 기인한 것이 아닌 경우가 많다. 쾌활한 자가 유머의 가치로 장식되어 인간적인 자로 굳어져 가고 있다. 쾌활하지 않은 자는 사람들로부터 차츰 소외당하고 있다. 그러나 쾌활함은 변덕스럽고 저 깊숙한 곳에는 오히려 우울함이 존재한다.

쾌활함은 우울함을 감추기 위한 변장술이다. 명랑함은 자기 본질 자체의 특성이라 쾌활함같이 인위적으로 표출할 필요가 없다. 쾌활함은 제삼자가 중심이 되지만 명랑함은 자기가 중심이 된다.

쾌활함은 변덕스럽다. 사유 창조력을 갖지 못한 채 많은 시간을 보낸 사람과 흐릿한 교육에 의해 사유 흔적 없이 많은 시간을 보낸 사람은 자신의 불분명한 눈으로 모든 것을 흐릿하게 판단한다. 또한 그는 자신의 비정상적이고 흐릿한 사고를 답습하도록 타인을 강요한다. 흐릿한 눈으로는 쾌활성과 명랑성을 구분할 수 없다. 이제 쾌활함은 변덕스러운 사람 몫으로 돌리고 깊이 사유하는 자는 내면세계로부터 명랑성을 발산하라.

이 명랑성은 오래전 철학자의 저서에서도 다루어져 있지만, 지금 우리에게 그 의미가 더 크다. 안타깝게도 우리 주위는 쾌활한 자들로 가득하다.

쾌활함은 우리를 어리석게 한다. 타자(他者) 중심의 쾌활성은 자신을 어리석게 한다. 어리석은 쾌활함은 전염된다. 쾌활함은 그를 15세 생각에 맞춰버린다. 그리고 그것을 유머라고 생각한다. 쾌활함을 이용해 돈을 버는 미디어도 물론 어리석다.

63. 명랑함의 표식

이때 심리학자가 그렇다면 쾌활함을 대신할 명랑함의 특징은 무엇인지를 그리고 그것을 위해 어떤 준비가 필요한지를 다시 물었다. 붉게빛남은 빗소리를 들으며 이렇게 말했다.

이미 젊다는 것의 특징이 무분별함으로 변질되고 젊은 자들은 마취 상태에 빠진 것과 같이 외부 자극에 대해 깊은 생각 없이 반응한다. 이로써 우리는 자아에 대한 성찰로부터 멀어져 간다. 모두 소리 내어 웃도록 강요받고 그 웃음 속에 자신을 파묻어 버린다. 명랑한 자는 쾌활한 자의 시끄러운 웃음소리에 고개를 돌려 버려, 얼굴에 미소를 머금게 하는 그를 만나기 어렵다. 사람과의 만남은 웃음의 연속이며 이 웃음을 떠나면 잠시도 그 어색함에 몸 둘 바를 모른다. 우리는 웃음을 일으키는 자를 찾아 나서고 이 웃음을 일으키는 쾌활한 자는 마음껏 자신을 드러낸다. 그는 사람에게 웃음을 선사하는 것이 자신의 사명인 것처럼 열심이지만, 잠시 후 그 쾌활함 뒤에는 정적이 흐르며 오히려 이 정적은 우리를 더욱 참지 못하게 한다.

명랑함은 삶의 지혜를 내포하는 정신적 기쁨의 표출이다. 삶의 지혜는 항상 삶의 의지를 불러일으키며 이로써 명랑한 자와의 대화는 자신의 힘을 느끼게 한다. 그와 만남에서 얻는 미소

투명성을 통한 존재의 탐구

는 자신의 존재를 느낄 수 있도록 도와준다.

　　명랑함이란 삶 속 진리를 느끼게 하는 걷잡을 수 없는 상승감이다. 이 가슴 뜀은 잊히지 않는 평온한 즐거움을 오랫동안 지속해주며 자신을 향기롭게 한다.

　　명랑함은 내적 충만감이다. 쾌활함은 타인과의 관계에서 발생하나 명랑함은 타인과 무관하게 자신의 존재로부터 창조된다. 명랑한 자는 타인으로부터 즐거움을 찾기도 하지만 더 많은 즐거움을 자기 자신으로부터 찾는다.

　　명랑성은 누구나 쉽게 교육할 수 있는 것이 아니다. 명랑성을 교육하기 위해서는 아이들을 우리의 학교에서 오랫동안 격리하는 것이 가장 효과적일지도 모른다.

　　명랑성을 위해서는 자기 성찰을 중심으로 한 교육 과정과 그것을 서로 표현하고 나누는 소규모 집단 교육이 필요하다. 우리에게 자기 성찰을 교육하는 학교는 있는가? 자기 성찰을 가르칠 수 있는 교육자는 있는가? 학교가 아니더라도 좋으니, 자기 성찰에 대해 교육하는 공간이 있는가? 자기 성찰과 철학을 주장하면 사람들로부터 이단적 시선을 받지는 않는가?

자기 성찰과 철학 중심 교육을 예고한다. 오래지 않아 지금 우리 교육 과정의 무책임성에 대하여 어처구니없어하며 뒤돌아볼 시기가 곧 도래할 것이다.

64. 젊음의 본질

어제 질문했던 법률가가 이번에는 젊다는 것이 무엇인지를, 우리가 왜 젊음으로부터 멀어지는지를, 투명성과 명랑성이 젊음에 어떤 영향을 주는지를 물었다. 붉게빛남은 젊음의 본질에 대하여 이렇게 말했다.

우리 주변에 젊은 자가 있는가? 대부분 사람이 유아기로부터 노년기로 이행한다. 젊음의 본질이 잘못 인식되어 있기 때문이다. 젊은 세대는 권위에 대한 반항, 자유에의 갈망, 자기 자신의 외부 표출, 자신에 대한 방치에 가까운 불명확성, 인식에 대한 부정, 이것을 젊음의 본질로 삼는다. 젊음의 본질을 착각하는 자가 추구하는 자유로움은 모방적 자유로움이며 이로부터 벗어나는 것을 두려워한다. 그러나 이 모방적 자유로움은 바로 노년적 자유이다.

자기 삶에 대한 명확한 태도, 자기 자신의 길로 들어서기 위한 쉴새 없는 탐색, 자기중심적 유아적 기질로부터의 탈피, 새로운 가치를 창조할 수 있는 능력을 갖추기 위한 사물에 대한 깊은 통찰, 자신의 아름다움과 본성을 구체화하고 유지할 수 있는 자기 자신에 대한 몰두, 이것이 젊음의 본질이다.

잘못 인식되고 있는 오류투성이 젊음의 본질이 우리의 젊음을 가로막는다. 이제 다른 방식으로 젊어지고자 해야 한다. 자신이 젊다면 사유의 투명성으로 사람의 사유를 통합하여 시대의 가치를 제공하고, 정신의 명랑성으로 사람에게 상승감과 충만감을 제공해야 한다. 미래를 책임지는 자가 되어야 하고 죽음을 맞이하기 전까지 자신의 젊음을 포기해서는 안 된다.

젊음에 다가서는 자의 삶은 바로 그 순간, 모든 것이 그의 것이다. 젊은 자 그리고 젊고자 하는 자는 너무 겸손해할 필요 없다. 육체적 나이와 젊음을 연결하지 말라. 세상을 적게 산, 아직 어린 자신의 유아적 사고를 젊음으로 착각하지 말라. 젊음의 본질을 가질 수 있는 시기는 오히려 육체적 젊음이 끝나갈 때쯤이다.

투명성을 통한 존재의 탐구

65. 새로운 가치

이때, 예술가가 젊음의 특징인 새로운 가치 창조와 미래에 대한 책임의 의미가 무엇인지를 물었다. 붉게빛남은 젊음과 가치 창조에 관하여 이렇게 말했다.

젊음의 최고 본질은 창조에의 의지이다. 젊은 자는 새로운 삶의 가치와 자신의 의미를 스스로 창조한다. 그러나 우리는 창조의 세계로부터 너무도 멀리 떨어져 있다. 사람은 자신이 스스로 창조한 가치로 다른 사람을 이끌려 했던 시도에서 계속 실패했다. 이에 대한 무력감으로 우리는 가치 창조의 세계에 대한 시도와 의지를 포기했다. 인간의 삶을 풍요롭게 만들었던 과거의 어떠한 문명도 평등적 자유를 제공하지 못했으며 오히려 그것을 퇴보시켰다. 이는 권력과 재력에 기인한 힘에 대한 복종이 주는 삶의 풍요가 사람의 창조적 능력을 서서히 퇴화시켰기 때문이다.

물질적 풍요로움은 예상한 만큼 인간에게 시간적 여유를 제공하지 못했다. 오히려 소수의 권력, 재력가를 제외하고는 부지런함을 더욱 필요로 하게 되었으며 이는 우리의 예상과는 반대의 결과였다. 부지런함은 예상치 못하게 인간의 창조 능력을 박탈했다. 사람이 자신의 시대를 이끌 수 있는 새로운 가치를 창조하지 못하면 우리는 평등적 자유를 향한 진정한 발전의 흐름에서 벗어나게 된다.

그러면 누가 우리 시대의 가치를 창조할 것인가? 삶을 이끌어가는 본질적 가치의 끊임없는 변화를 통합하여, 우리 시대를 이끌 수 있는 가치, 평등적 자유를 위한 시대 가치를 창조할 수 있는 자, 그가 바로 젊은 자이다.

사람은 삶의 새로운 가치를 정복에의 의지로부터 권력에의 의지, 인식에의 의지 그리고 풍요에의 의지로 변화시켜 왔다. 이 변화에 대응한 젊은 자의 창조적 대안은 철학적, 학문적 가치는 별도로 하더라도, 문명 발전에 동반한 인간의 혼란, 파괴 그리고 퇴보를 막는 최고의 역할을 수행해 왔다.

우리 시대는 풍요에의 의지 속에서 이제 또 다른 새로운 가치를 탐구하고 있다. 그리고 우리를 삶의 혼란에서 탈출시킬 새로운 삶의 가치 창조자를 애타게 기다린다. 이렇게 젊은 자는 새로운 가치 창조의 사명을 부여받고 있다. 이는 누구나 직감하듯이 풍요에의 의지 속에서, 삶이 급격히 파괴되고 있기 때문이다.

우리 시대 미래를 이끌 수 있는 새로운 가치는 평등적 자유, 아름답고, 평온하고, 자유로운 삶이다. 이는 통합사유철학을

통해 달성할 것이다. 이는 실존적 존재 [나]를 발견하고 그 속에서 존재·의지·인식 공간을 구성하여 삶을 통합하는 사유 공간을 창조하는 것이다. 이는 우리 미래를 이끌 것이다.

　　　우리 시대의 새로운 가치와 그를 성취할 방법으로 통합 사유철학을 제시했다. 이에 대해 다른 여정에서 설명하기로 이미 약속했다. 우리 정신 그리고 인간 일반은 인식론과 존재론 그리고 의지론에 따라 행동한다. 붉게빛남은 이를 통합하려 한다. 그는 이를 통해 인간 일반을 위한 절대 철학을 완성하고, 평등적 자유의 제공을 시도한다.

나의 철학 여정

66. 회복력과 항상성

비는 조금씩 그쳐간다. 저편에서 해가 구름 사이로 보이기도 한다. 가을 산에서 보는 뭉게구름과 녹색 잎은 계절을 다시 돌려놓은 것 같은 기분이 들게 한다. 우리는 모두 평등적 자유를 위한 연대(連帶)로써 우리 삶과 세상을 바꾸어갈 사람이 될 것이다. 조금 후, 도덕론자는 우리가 추구하고 있는 실존적 존재 [나]가 아니라 보통 사람이 자기라고 생각하는 "나"는 무엇인지를 물었다. 붉게빛남은 이렇게 말했다.

사람에게는 두 가지 고귀한 특징이 있는데 그것은 '회복력'과 '항상성'이다. 사람은 자기 자아가 파괴되는 듯한 육체적, 정신적 고통을 겪더라도 자아는 자기 '회복력'에 의해 다시 복원된다. 이 '회복력'에 대한 근원적 힘은 모계로부터 물려받은 자기 보존 본능이다. 자아 파괴의 순간, 사람은 이 생존 본능에 의해 자기 자신을 복원시켜, 그 파괴의 소용돌이에서 출구를 스스로 찾아낸다.

이와 함께 삶의 기본 법칙으로써 '항상성'을 내면 깊숙이 보유한다. 사람은 자신의 자아가 소유하고 있는 성상(性狀)에 대하여 외부에서 어떤 자극이 있더라도 그것을 계속 유지하려는

본능이 있다. 이 본능으로 사람은 자신을 특징 지우고 자신을 다른 개체와 독립적인 개체로 유지할 수 있다. 사람의 독특한 개성과 성상 유지의 근원은 바로 '회복력'과 '항상성'이다.

이 삶의 법칙이 존재하는 까닭에 어떤 위대한 철학자의 설득에도 사람은 내면 깊숙한 곳으로부터의 자기 변화에 반발하게 되며 등을 돌려버린다. 그러나 실망할 필요는 없다. 이것이 바로 사람의 본성이며, 그는 그대로 내버려 두는 것이 좋다. 그 또한 어떤 위대한 철학자의 사유 능력과 다르지 않은 사유 능력이 있을 수 있으며, 그들 나름대로 위대한 사고와 철학을 발전시킬 힘이 있기 때문이다. 이 얼마나 축복받은 능력인가? 인간 각 개체는 세상 무엇과도 비교되지 않는 다양하고 위대한 사유의 보고(寶庫)이다. 이 사유 다양성과 가능성으로부터 사유 및 철학의 한계가 누구에게서 극복될지 모르는 것이다.

이제 철학자의 일은 자신의 사유 범위의 확대, 발전과 더불어, 아직 어떤 철학자도 관심을 보이지 않았던 '누군가 사유를 시작할 수 있도록' 그를 도와주는 일이 추가되었다. 그러나 우리 철학자가 잊지 말아야 할 것은 사람을 자신과 동일한 사고를 하도록 강요해서는 안 된다는 것이다. 이는 인간의 법칙인 '회복력'과 '항상성'을 위배하기 때문이다. 우리는 자기만의 세계와 우주

를 가지고 있다. 그가 자신의 철학을 만들도록 내버려 두라. 이를 잊지 말라.

　우리 모두 자신의 세계가 있지 않은가? 누구도 타인의 세계를 변화시키지는 못할 것이다. 그렇다면 위대한 철학자의 역할은 무엇인가? 그렇다면 그것은 우리가 모두 각각 가지고 있는 깊이 숨어있는 철학을 창조하도록 사람에게 그 의미를 알려주는 것이다. 자신의 내면 깊이 숨어있는 철학은 무엇인가? 인간 일반 모두에게 적용되고 그들에게 새롭고 의미 있는 삶의 가치를 부여할 수 있는 자신의 철학은 무엇인가? 혹시 자신에게만 적용되는 고집불통의 편협한 사고를 나의 철학이라 생각하지는 않는가? 그 고집불통 사고를 가치 있는 것처럼 사람들 앞에서 부끄럼 없이 이야기하고 있지는 않은가?

67. 사유 통합에의 의지

내린 비에 빨간 단풍잎이 붉은빛 비단과 같이 가을 산길을 장식하고 있다. 이번에는 계속 듣고만 있던 노 수학자가 통합사유철학의 역할을 물었다. 붉게빛남은 통합사유철학의 역할에 대하여 이렇게 말했다.

인간 사유의 끝없는 다양성 속에서 사유 통합에의 의지는 인간을 독립시키고 그 독립 속에서 자기 가치를 발견하도록 도와주는 역할을 수행한다. 그러나 사유 공간이 올바르게 인도되지 않는다면 사유 본질에서 멀어져 유한성의 공간에 _{선형사유공간,} _{평면사유공간} 갇혀 버린다. '사유의 유한화'는 자기 통합 의지를 상실한 채, 자기 외부로부터 밀려드는 억압적 의지 속에 자신을 그대로 맡겨, 자신의 내부에서 발생하는 사유 의지가 제한될 때 발생한다. 이는 사유 통합을 통한 사유 독립을 불가능하게 한다. 그러나 인간의 고귀한 사유 다양성이 옛 철학자로부터 존중을 받지 못했던 것은 사람 각자의 사유 통합 능력에 대한 철학자의 회의(懷疑) 때문이었다.

사유 통합에의 의지는 제3의 탄생의 중요한 표식이다. 제3의 탄생을 이루지 못한 자는 통합의 실질적 주체가 없기 때문에 사유 통합이 불가능하다. 사유 통합은 독립적으로 사유해 왔던 존재를 의지, 인식과 연결하는 작업이다. 그리고 이 연결은 사유를 통합적으로 형상화하는 공간 사유 세계에 대한 단서와 힘을 제공할 것이다. 이제 내면으로부터, 즉 자아로부터 기원하는 사유 통합에의 의지를 갖도록 노력하자. 그리고 만일 그 능력이 갖게 된다면 그 힘을 타자에게 나누는 역할도 함께 수행하기를 바란다.

그리고 붉게빛남은 통합 사유와 투명성의 관계에 대하여 이렇게 말했다.

통합 사유는 자기 존재 투명성을 갖지 않으면 실행하기 어렵다. 끊임없이 밀려드는 새로운 사유를 통합하여 자기 사유를 그 변화 속에서도 유지하려면 새로운 사유를 자신의 사유 내에 어떻게 위치시킬 것인지를 결정해야 한다. 그리고 그것이 가능하기 위해서는 새로운 사유가 엄밀하고 정확하게 파악되어야 한다. 이는 자신의 존재를 포함한 사유 공간이 투명하지 않고서는 불가능한 일이다.

맑게 갠 가을 산이 자신의 아름다움에 잠시 취해 있고, 모두 사유 투명성에 대하여 생각하면서 따뜻한 오후 맑은 햇빛을 맞고 있다.

이름을 알 수 없는 작고 동그란 수많은 빨간 열매의 모습이 눈에 들어온다. 이 열매는 꽃에서 온 것이지만, 사실 꽃은 원래 없었다. 그렇다면 아무것도 없던 것에서 열매가 맺힌 것 아닌가? 하늘, 공기, 태양, 물이 만들어낸 것인가? 원래부터 나무가 가지고 있던 것인가? 존재 투명성이란 무엇인가? 바다는 투명한가, 투명하지 않은가, 어느 정도 투명한가?

68. 소극적 자유와 적극적 자유

시인은 시를 한 편 더 들려주었다. 벌써 하늘은 늦은 오후의 주황색이 감돌고 있다. 이 시는 타자(他者)의 사유를 그대로 투영, 통합하는 투명한 통합 사유를 떠오르게 한다.

"붉은 해로 예쁘게 단장한 얼굴 | 주황색 물들인 따뜻한 외투 | 바람도 붉은빛 불어오니까 | 부끄러워 붉어져도 괜찮겠지요. | 붉은 해로 그 음성 붉게 들리고 | 주황빛 물들인 따뜻한 눈가 | 마음도 붉은빛 느껴지니까 | 노을 밤 서늘해도 괜찮겠지요."

시는 마음을 따뜻하게 해주고 모두를 하나의 감성, 하나의 존재로 만들어준다. 시인은 자신이 느끼는 자유로움이 진정한 자유로움인지 어떻게 알 수 있는지를 물었다. 붉게빛남은 자유에 대하여 이렇게 말했다.

역사 이래 인간 최대 목표로 인식되어온 것 중 하나가 '자유'이다. 인간은 '자유를 위하여' 목숨을 걸었고 이는 사람들로부터 찬사를 받아왔다. 자유를 억압하는 압제자에게 투쟁하면서 사람은 자신이 이 세상에서 가장 위대한 일을 하고 있다는 생각을 잊지 않았다. 자유로움은 우리 삶을 가치 있게 해주는 원동력임이 틀림없다. 그러나 우리가 어떤 자유를 위해 투쟁했는지가 그 투쟁의 가치를 결정한다.

자유로움은 소극적 자유와 적극적 자유로 분류된다. '소극적 자유'는 노예의 자유 의지와 같은 것으로 그들은 단순히 자신이 주인으로부터 어떤 사역도 받지 않기만을 바란다. 그는 힘든 사역으로부터의 해방을 원할 뿐 자신의 노예 상태 자체로부터 벗어나려고 시도하지 않으며 그것을 의지(意志)하지도 않는다. 그는 자유로움을 추구하면서도 자신의 주인, 즉 보호자를 필요로 한다. 열심히 일하고 주인의 마음에 들면 그럭저럭 살아갈 수 있기 때문에 단지 자기 앞에 휴식이 있기만을 소망한다. 그의 자유 본질은 노동으로부터의 도피일 뿐이다. 무엇인가 해야 한다는 것으로부터의 도피 즉, 사역으로부터의 도피로 소극적 자유는 정의된다.

'적극적 자유'는 자신이 선택한 대로 하려는 자유이다. 적극적 자유 상태에 도달하기 위해서는 위험을 각오해야 하며, 힘 있는 세력과 그 추종 집단으로부터 철저한 이탈이 필요하다. 이 집단으로부터 탈출에 성공하면 그는 이제 자기 세계 속 최고의 권력자이며, 이 권력은 어떤 압제자에 의해서도 억압되지 않는다. 그러므로 적극적 자유는 자신의 힘을 근원으로 하고 사유 능력의 증대와 더불어 확대한다.

소극적 자유는 일반적으로 유한성을 특징으로 하는 것과 달리 적극적 자유는 무한성을 그 특징으로 한다. 적극적 자유는 생명이 끝나는 날까지 영원하며 생명이 지속하는 한 활동을 계속한다.

적극적 자유의 소유자는 자유의 고통스러움을 인식하는데, 그 근원은 자유 속에 있는 불확정성의 원리 때문이다. 백 년 전부터 불확정성은 우리를 괴롭혀왔다. 19세기 말 어느 철학자의 저서에서 니체(Friedrich Nietzsche), 권력에의 의지 이렇게 말하고 있다.

"우리 청년의 마음에 거슬리는 대붕괴의 시대가 오고 있다. 우리는 어느 하나 확실한 토대 위에 서 있지 않으며 엄격하게 자기를 믿는 일도 없다. 사람은 내일을 위해 살지만, 그것은 모래가 의심스럽기 때문이다."

투명성을 통한 존재의 탐구

　　자유로움 속에서 각자의 사유는 고정되지 않는다. 어떠한 위대한 철학자도, 무한한 자유로움 속에서, 자신의 고뇌 속에서 탄생한 자기 사유가 계속되는 자유 의지에 의해서 끊임없이 파괴됨에 괴로워하지 않을 수 없다.

　　우리는 목숨을 걸고 투쟁하여 왔던 자유에 대하여 정확히 인식하고 있는가? 만일 그것이 소극적 자유였다면 이제, 그로부터 즉시 탈출하여 적극적 자유를 위한 노력을 처음부터 다시 시작해야 할 것이다.

　　우리가 원하는 자유는 소극적 자유는 아닌가? 우리는 불확실성에 기인한 불안으로부터 자신을 지킬 수 있는가? 우리는 적극적 자유를 위해 자신의 모든 것을 던질 준비가 되어 있는가?

69. 적극적 자유에의 방해물

모두, 바위 그늘에서 나와 가을 소나기로 깨끗이 씻은 수목이 뿜어내는 향긋한 나무 냄새를 즐기고 있다. 영혼을 해치는 행위로 가득 찬 세상으로부터 벗어난 듯하다. 자신을 드러내지 않고는 잠시도 살기 어려운 우리 삶 속에서, 신이 알고 내가 알면 그뿐인 이 수목(樹木)과의 대화는 지친 마음을 달래준다. 이때 한 가난한 농부가 노동과 가난 속에서도 사람이 자유로울 수 있는지를 물었다. 붉게빛남은 자유에 관하여 이렇게 말했다.

사람이 적극적 자유에 도달하기 위한 과정에서 나타나는 피할 수 없는 어려움은 배고픔과 추위로부터 자신을 보호하는 외부 요인의 '극복'이다. 사람은 이를 위해 자신의 적극적 자유 일부를 어쩔 수 없이 포기해야 한다. 그러나 적극적 자유를 얻으려는 자는 진정한 적극적 자유에의 의지가 꺾이지 않도록 이 자유의 역행 과정 또한 최선을 다해 수행해야 한다.

삶의 기본적 욕구가 자기에게 구속력으로 작용하지 않도록, 자기 시대에 맞는 적절한 노동은 기꺼이 감수해야 한다. 지나치게 부지런한 자는 자유로울 수 없으나, 게으른 자 또한 절대 자유로울 수 없다. 우리 시대, 자유로운 자를 보기 힘든 것은 이런 기본적 욕구 충족을 어렵게 하는 자유에의 방해꾼이 너무 많기 때문이다.

재력, 지위, 명예를 위한 욕망 해소에 바쁜가? 사랑, 우정, 미움, 분노, 슬픔 같은 감정에 자유를 생각할 시간이 없는가? 이것이 자유를 방해하는가? 우리가 열심인 것은 진짜 [나]를 위해서인가? 거짓된 "나"가 아닌, 실존적 존재 [나]를 위해 해야 할 것을 찾아야 한다. 그것을 찾게 되면 다른 것을 돌아볼 시간이 별로 없다. 그것만을 위해서도 시간이 부족하기 때문이다.

가난하여 부자유를 느끼는가? 그것은 오해다. 부자는 부를 유지하는 데 시간을 허비한다. 그리고 더욱더 나쁜 것은 부를 소비하느라 시간을 다시 허비한다. 욕심에 기인한 가난에서 벗어나라. 단정하게 입고, 소박하게 먹고, 편안히 쉴 작은 장소만 있다면 가난을 탓하지 말라.

지금 부자유를 느끼는가? 과거에 자유롭지 않은가? 미래에 부자유를 느끼는가? 과거를 돌아보고 미래를 설계하는 것에 너무 많은 시간을 쓰는 것은 어리석은 자의 특징이다.

자유로운가? 그렇다면 위태로운 상태이다. 자유로운 자의 투명성은 주위 사람이 좋아하지 않는다. 그를 볼 수 없기 때문이다. 자유로우면 다른 사람에게 보이지 않아 고독하다. 고독을 극복할 자신이 없으면 자유를 향해 떠나지 말라.

우리는 자유로운가? 미래가 두려운가? 두려움은 자유를 방해한다. 욕망 때문에, 감정 때문에 자유롭지 않은가? 우리 중 자유로운 자가 있는가? 어떤 권력가, 어떤 재력가도 절대 자유롭지 않다. 그럼, 과연 누가 자유로울 수 있는가? 실존 [나]를 찾으라. 진정한 실존 [나]를 위해 해야 할 것을 찾아라. 오랜 시간이 걸리더라도.

투명성을 통한 존재의 탐구

70. 문명의 발전과 인간의 겸손

　　자유에 대하여 생각하고 있을 때, 한 자연과학자가 과학과 문명을 통해 삶의 편리성이 개선되는 것은 틀림없지만, 그것이 삶에 어떤 결과를 주는지를 물었다. 붉게빛남은 '문명의 공과'에 대하여 이렇게 말했다.

　　무한 공간 속, 무한 사물의 존재에 대한 이해를 위해 사람은 이성을 택했다. 이성적 사고는 이제 인류를 지배하며 이성적 과학 문명만이 우리를 지탱시켜주는 듯 오인하고 있다. 우리는 철학으로부터 과학을 분리하는 데 어느 정도 성공했지만 이로써 파멸의 보이지 않는 전조에 대해서는 침묵하고 있다. 사람은 복합 사유에 대한 통합 능력에 한계를 느끼고, 단순 명료한 것만을

데카르트(René Descartes), 방법서설　택했다. 이에 따라 교양인과 비교양인에 대한 기준도 우습게 변화했다. 단순 명료하게 그리고 알기 쉽게 지식을 알려주는 자가 훌륭한 교육자가 되어 버렸다.

　　과학 문명 성공과 풍요로운 물질적 발전에도 불구하고 인간의 비참함이 20세기 이후 더욱 증대된 원인을 분석해보면, 이는 과학 문명 변화를 수용할 수 있는 사유 능력 부재에 기인한다. 사람은 과학의 발전에 만족하여 겸손을 잃어버렸고 이로써 과학

과 문명 발전 또한 인간 사유 의지의 결과라는 사실조차 잊어버렸다.

우리는 태생적으로, 잘못된 교육으로 그리고 개인적 탐욕과 권력욕으로 물든 과학 문명 결과에 겸손해지기 위한 변화가 필요하다. 아니, 우리는 이제 그만 멈추어야 한다. 시간이 조금 필요하겠지만 너무 방치하면 변화 능력을 상실한다. 오래지 않아 과학 문명이 삶을 파괴할 것이다. 과학 문명에 자부와 오만을 느끼면 주의하라. 반대로 문명에 대한 겸손의 문이 열려있다면 '잘 제어된 문명'이 얼마나 소중한 것인지 또한 잊지 말라.

삶이 파괴되고 있다. 파괴적, 폭력적 행동으로 사람의 자유가 위축된다. 미래가 위태롭다. 삶 속 믿음과 따뜻함이 사라지고 있다. 우리 모두, 낙오자 없이 아름답고 평온하고 자유로운 삶을 얻으려면 어떻게 해야 하는가? 삶은 그렇게 풍요로울 필요 없고 그렇게 멋스러울 필요도 없다. 물건을 팔기 위한 저속한 장사꾼의 사기에 우리들이 너무 쉽게 넘어간다. 사기 장사꾼이 선동하는 화려하고 사치스럽고 멋스러운 삶의 주인공이 되지 않아도 상관없지 않은가? 깨끗한 옷을 입고 소박하게 먹을 수 있다면 삶의 주인공이 되지 않아도 상관없지 않은가? 사기 장사꾼에게 더는 속지 말라.

우리 삶은 문명으로 파괴되고 있다. 우리는 행복한가? 우리는 비참한가? 우리는 미래의 행복한 삶에 대한 환상으로 현재를 불행하게 살고 있다. 이는 벌써 이천 년 전에 한 선인이 장자(莊子), 어부편(漁夫編) 이미 경고하지 않았는가? 이대로라면 미래의 행복한 삶은 영원히 오지 않을 것이다. 우리는 과학 문명 사용에 더욱 신중하고 겸손해야 한다. 이제 편리를 위한 노력은 그만하고 우리 주위와 자연을 돌아봐야 한다. 그리고 사기꾼에게 속아 편리함을 위해 탐욕스럽게 살고 있지 않은지 자신을 돌아봐야 한다.

71. 시간으로부터 자유로운 존재

이제 늦은 오후가 되었고, 산장을 향해 다시 산에 올랐다. 산장까지는 비교적 가파른 길이 계속되고 있다. 가능한 한 천천히 가면서 주위의 새나 산짐승을 발견한다. 사람들은 자기 생각을 말하면서 열중이고, 몇 사람은 자신이 발견한 존재 [나]에 대하여 말하기도 한다.

바람 소리가 거세지는 것으로 보아서 상당히 높은 곳까지 오른 것 같고, 멀리 산장의 모습이 눈에 들어왔다. 나무로 지은 산장이며, 많은 사람이 묵을 수 있는 산장이다. 구름이 산장 가까이에서 보이고 몇 사람은 이미 산장에서 묵기 위해 도착해 모여 있다. 가끔 보이는 주홍빛 노을은 존재를 연상케 했고 사람들은 함께 걸으며 여러 가지 이야기를 나누었다.

한 소설가는 자연에 있는 것들, 나무, 구름, 바람, 비, 눈, 꽃이 주인공으로 등장하는 소설을 쓰고 있다고 하면서 그 내용을 열심히 이야기하고 있다. 한 시인은 삶에서 실제로 시를 쓸 수 있는 날은 그렇게 많지 않다고 하면서, 시를 쓰기 위한 조건이 있고, 이를 기억하여 의도적으로 그 조건을 만들어도 내면적 요인으로 모든 것이 소용없을 때가 많다고 말했다. 그들의 글에 실존적 존재 [나]가 스며들 것이다.

이제 산장에 도착했다. 산장의 앞마당 조그만 모닥불이 붉게 빛나고 있다. 사람들이 모닥불 주위에 모이고 [나]를 찾기 위한 이야기가 다시 시작되었다. 한 미래학자가 존재의 투명성이 무엇인지를 물었다. 붉게빛남은 투명성에 관하여 이렇게 말했다.

사물의 운동과 변화 '원리'에 대한 탐구는 결국 운동과 변화 '원인'에 대한 탐구이다. 즉 사물의 변화 원리를 사유함으로써 사물의 변화 원인을 찾는 것이다. 이와 같은 변화의 원리 인식은 인간 삶을 다양하게 변화시켜왔으며 미래 또한 이 변화 원인을 인식함으로써 예측 가능할 것이다.

그러나 이 사물의 움직임, 변화에 대한 원인 탐구는 오히려 사물 자체에 대한 본질 탐구에서 멀어지게 한다. 우리는 행성들의 움직임의 원리에 -힘의 법칙, 중력의 법칙, 인력의 법칙- 대하여 인식함으로써 우주의 원리를 파악한 것처럼 오해한다. 그러나 이 원리 자체에 대한 근원 탐구는 왜 두 사물 사이에 인력이 작용하는가에 대한 본질에는 관심이 없다. 즉 그것은 우주가 스스로 주관하는 것이고 우리가 알 수 없기 때문에, 원래 그런 것으로 가정하고 그 이상 본질에 대한 사유는 포기한다.

또한 사물을 구성하는 것은 원자이며 그 원자 속에서 전자 등의 다양한 소립자가 존재하는 것을 발견하고, 사물의 근원을 파악한 것처럼 생각하지만, 그 원자의 존재 근원에 대해서는 무관심하다. 물론, 알 수 없음을 무관심으로 가장하게 한 것이다. 우리가 아는 것 대부분은 존재의 변화와 동적 거동에 국한한다. 즉 변화하는 시간이 모든 논리의 전제로 작용한다.

시간으로부터 자유로운 존재, 시간에 따라 변화하지 않는 존재는 우리 관심 밖이다. 그러나 우리 목표는 이것을 찾아내는 것이고 바로 그것이 투명성의 본질이다.

개에게 먹이를 던지면 먹이를 쫓는다. 그러나 사자에게 먹이를 던지면 사자는 먹이를 던진 자를 덮친다. 우리는 존재 근원을 찾는다. 우리는 변화하지 않는 존재를 찾는다. 우리는 변화하지 않는 정신을 찾는다. 그것이 우리가 찾는 [존재]이고, 그것이 우리가 찾는 [나]이며, 그것이 우리가 찾는 투명한 존재이다.

변화가 없기 위해서는 시간에서 벗어나야 한다. 변화가 없어지려면 실체가 없어야 한다. 즉 그 존재가 보이지 않고 투명해야 한다. 보통 우리는 삶과 죽음의 경계에서 존재의 투명성을 인식한다. 그때 실존적 존재 [나]는 실체-육체-를 빌리기는 하지만, 그것이 자신의 실존 [나]는 아님을 드디어 인식한다.

투명성이 무엇인지 쉽게 다가오지 않는다. 우리는 사물의 운동 변화 원리에서 시작하여 존재의 근원에 대하여 생각했다. 이와 함께 우리의 탐구 목표인 [나]의 투명성에 대하여 사유했다. 단지 머릿속 이해만으로는 소용없다. 우리가 원하는 것은 진정한 존재 [나]를 체험하는 것이다. [나]를 아무리 생각해도 [나]를 생각하지 않은 것과 [나]는 다르지 않다. 존재 [나]는 생각의 세계 속에 있지 않기 때문이다. 그것을 스스로 경험하기 전 그것은 절대 실존적 존재 [나]가 아니다.

밤이 되었고 가을 산의 밤은 생각보다 춥다.

72. 절대 존재의 탐구

이야기가 조금 깊어짐에 따라 더욱 집중하기 위해 모닥불 주변으로 모였다. 사람들에 둘러싸인 모닥불은 바람이 적당하게 불어옴인지 기분 좋은 듯 붉은빛을 내뿜고 있다. 이때 철학자가 존재와 존재 근원에 관하여 다시 물었다. 붉게빛남은 이렇게 말했다.

존재의 근원을 설명하기 위해 절대 존재, 절대신(絶對神)을 개념을 도입하면 이로부터 존재 근원 탐구를 드디어 시작할 수 있다. 사물을 근원이 없는 절대신(神)에 의해 창조된 것이라고, 즉 모든 사물의 근원이 절대신이라고 사유한다면, 사물의 근원은 없으며 절대 존재란 절대신에 의해 창조된 '무(無)로부터 창조된 유(有)'일 뿐이다. 그러나 이는 사람의 사유로는 그것이 쉽게 인식(認識)되지 않는다.

반대로 만일 절대 존재도 그 근원이 있다고 사유하면 이차적, 삼차적 절대 존재, 그리고 무한적 절대 존재를 찾는 존재의 역류를 피할 수 없다. 그러나 사람의 한계를 고려하는 한, 사람은 '무한적 현상'을 사유할 수 없다. 즉 아주 오랫동안 존재의 새로운 근원을 무한히 연속적으로 역류해 사유하더라도, 인간의 죽음으로 사유가 끝나는 순간, 절대 존재는 우리에게서 탈출할 것이다. 이는 결국 '존재의 무한 사유 불가성'을 의미한다. 그러므

로 사람이 사유할 수 있는 존재 근원은 유한하다. 따라서 시간 유한성에 의한 '근원이 있는 절대 존재의 불확정성'은 절대신에 의한 '근원이 없는 절대 존재의 확정성'과 대립한다. 이는 전술한 바와 같이 인간의 사유로는 도달할 수 없는 '무에서 창조한 유'의 문제로 다시 귀착한다. 이처럼 근원이 있는 존재의 연속도 무한의 근원으로 역류해 간다면 결국 근원이 없는 절대신이 창조한 '무에서 창조한 유'의 존재를 수용할 수밖에 없다.

그 근원이 절대신이 아닌, 일반 무한 존재의 근원은 유한한 수명을 가진 인간의 사유(思惟)로 도달할 수 없다. 그러므로 존재의 근원을 사유하기 위해서는 수명을 가진 인간의 사유 공간을 초월해야 한다. 즉 존재는 유한한 인간의 사유 공간을 초월함으로써 비로소 절대 존재를 현시(顯示)한다. 이것이 존재에 대한 근원 탐구의 시원(始原)이다. 절대 존재 탐구를 위해 인간 사유 공간 속 시간 유한성을 우리는 뛰어넘을 수 있을 것인가?

존재 근원 사유가 우리에게 어떤 가치를 제공할 것인가? 절대 존재는 시간과 사유를 초월한 존재이다. 이는 존재 유한성에 기인한 인간의 근원적 불안과 공허를 극복할 단서를 제공한다. 이를 통해 우리는 절대 존재에 대한 통찰이 절대 자유를 제공해 줄 것을 기대한다. 인류 역사상 인간이 발견한 최대 가치는 자유이다. 비록 지금 자유가 크게 왜곡되고 있다 하더라도, 그것을 다시 바로 잡고 진정한 절대 자유를 추구해 나가야 한다. 이것이 우리 목표이다. 잊지 말 일이다. 우리 존재가 정말 자유롭게 되는 날, 우리 궁극의 목표, '평등적 자유'도 실현될 것이다.

각자 오랫동안 깊이 사유하라. 우리는 모두 각각 큰 병(病)을 가지고 있다. 그것이 무엇인지 잘 생각하여 치유하라. 그것이 존재로 향하는 첫걸음이다.

우리는 오랫동안 생각해야 할 것이다. 근원이 없는 절대 존재가 무(無)에서 유(有)로, 절대자 또는 절대적인 사건에 의해 갑자기 생겨날 수 있는지에 관하여.

근원이 없는 절대 존재에 관하여. 존재 근원의 순환에 관하여. 처음부터 근원이 없는 절대 존재는 존재하지 않고, 화합물 벤젠 고리의 순환처럼, 이미 중간 근원으로 도출된 다른 존재가 절대 존재의 근원으로 상호 작용하는 것인지에 관하여.

철학은 사람을 사유하게 한다. 자신만의 병은 무엇인가? 자기 병은 자신만이 알 수 있다. 향기롭고, 맑은 정신을 위해 우리의 병을 고치자. 그 병이 치유될 때, 절대 존재와 실존적 존재 [나]의 모습이 드러날 것이다.

우리 목표 중 하나, 평등적 자유가 드러나고 있다. 우리의 자유는 분명 극히 소수에게 집중되어 있다. 모두, 타인의 자유를 빼앗아 자신의 자유를 성취하려고 투쟁한다. 세상에서 투쟁을 없애고 소수에 집중된 자유를 모두에게 공평하게 '미래가 아닌 지금' 나누어야 한다.

73. 연약한 철학

산속의 밤은 차갑다. 모닥불의 온기가 밤을 따뜻하게 한다. 조금 찌그러진 달이 비추는 빛으로 가을 단풍이 드러난다. 단풍은 나무 끝에서부터 시작되었다. 나무 중심부는 아직 녹색 여름 색이 남아 있다. 이 모습을 잘 묘사할 수는 없지만, 오랫동안 기억할 것이다.

한 예술가가 우리의 철학은 누구를 위한 것인지를 물었다. 사람의 특성이 매우 다양하므로 그들 모두를 만족시킬 수는 없을 것이라는 의문이다. 우리는 오랫동안 소수를 위한 철학만을 생각해왔다. 모두를 위한 철학은 존재하지 않을 것이라고 생각했기 때문이다. 그리고 우리 철학 역사에서도 이와 비슷한 생각의 철학자가 적지 않다.

하지만 우리의 목표는 이제 다르다. 가능한 모두가 만족하는 철학을 탐구할 것이다. 붉게빛남은 그렇게 중요한 일이 아니라는 듯한 모습을 보이면서 이렇게 말했다.

오랫동안, 연약한 자를 위로해주는 나름의 철학은 계속 유지되어 왔다. 어느 한 시인은 칼릴 지브란 (Kahlil Gibran), Procession 이렇게 노래한다.

투명성을 통한 존재의 탐구

"자연 속에 죽음이 있나요? | 사월의 잎이 떨어진다 해도 기쁨의 선물은 떠나지 않고 | 단 한 번의 봄을 사는 자는 영원히 사는 자와 같으리니. | 피리를 주세요. 노래를 부르세요! | 노래는 은근한 그늘이 되어 여름 꿈이 아련히 사라져가면 | 서러운 피리 소리만 남게 됩니다."

이 시는 자신의 무력에 대한 절망감과 자신의 울타리를 벗어나지 못하는 부자유성을 갖는 '우리 현세대의 특징'을 보여 준다. 우리 시대 변질된 철학은 연약한 자에게 필요한 나름의 철학을 가르치고 있다. 더욱 최악인 것은 철학을 동화화(童話化)함으로써 인간을 유아적 사고에 머물도록 하는 작가도 자주 눈에 뜨인다는 것이다.

주의할 것은 이와 같은 연약한 울타리 안 철학에 빠진 사람은 스스로 그 울타리를 벗어나기 위해 노력하기보다는 그 울타리를 좀 더 견고하게 쌓는 데 더 힘을 쏟게 된다는 것이다. 자기 생각이나 철학을 고집하는 학자나 아직 젊은 자 대부분은 이 부류이기 쉽다. 우리는 그들의 울타리를 부수어 주거나 그럴만한 가치나 시간이 없다면 그 울타리를 돌아가는 것이 좋다. 자신의 울타리를 높이 쌓을수록 그만큼 더 많은 사람이 그 울타리를 돌아갈 것이다.

철학은 우리 인간의 생존 문제이지 미숙하고 연약한 철학자에게 맡길 유희의 문제가 아니다. 철학을 '삶을 치장하는 장식'쯤으로 생각하는 자를 우리 삶을 인도하는 철학자로 오해하지 말 일이다. 철학을 지나치게 장식적인 은유적 시화(詩化)나 은유적 동화화(童話化)하지 말라. 다른 사람뿐 아니라 자신도 불명확해진다.

철학은 특정 대상을 목표로 하지 않는다. 철학은 모든 사람의 것이다. 철학과 사유의 깊이에 따라 그만큼의 사람에게 가치와 의미를 주는 것이다. 자기 철학이 절대적이라면 모든 사람에게 평등적 자유를 주는 철학이 가능할 것이다. 모든 사람을 위한 철학을 목표로 하라. 그것이 가능한지 불가능한지는 나중 문제이다.

그리고 그는 이렇게 말했다.

유약함은 사람을 유혹한다. 자신도 유약하고 다른 사람도 유약하므로, 일반적으로 사람은 유약함을 좋아한다. 이것은 철학의 초보자가 넘어야 할 산이다. 어린아이처럼 행동하지 말라. 시는 예술일 뿐이다. 시적 표현은 철학자를 유혹한다. 철학적 불완전성과 오류를 불명확하게 만들어, 모든 것을 독자의 무지로 교묘하게 돌릴 수 있기 때문이다. 이것은 하루하루 진리를 개척해야 하는 철학의 초보자에게 독과 같이 작용할 것이다.

가을 산속 바람 같이 차갑고 강하고 직설적 표면으로 자기 생각과 철학을 표현해야 한다. 유약함과 시적 유혹을 견디지 못하면, 자신도 자기가 무슨 말을 하는지 알 수 없어질 것이다. 절대 철학의 대상은 인간 모두이다. 우리 철학은 어디까지 도달해 있는가? 단지 몇 사람만의 철학은 아닌가? 투명성을 통한 실존적 존재 [나]의 탐구, 이로써 우리 철학은 좀 더 도약할 것이다.

74. 위대한 철학의 탄생

한 철학자가 자기는 오랫동안 타인의 철학을 공부하고 자기 철학을 생각했으나 자기 철학인지 무엇인지 모르겠다고 하면서, 자기 사유, 자기 철학이란 무엇인지를 물었다. 그렇다. 자기 철학이란 무엇인가? 그런 것이 있기는 한 것인가? 바람과 모닥불 소리가 사람의 심장을 두드리듯 다가왔다. 붉게빛남은 이렇게 말했다.

우리 시대 유약한 철학자는 자기 철학을 통해 사람의 사유의 범위를 확대해 주기에는 자신의 힘이 부족함을 느끼기 때문에, 오히려 사람이 공감하는 부분을 찾아내어 그들을 즐겁게 하는 데 더욱 노력한다. 철학조차 민중의 호감에 의존하는 가볍고 경쾌한 수필로 전락해 버렸다. 사람은 일반적으로 자기 사유 범위를 넘는 인식에 대하여는 저항하며, 이는 자신의 사유 세계에 대한 보호 본능이다.

사람은 자기 생각 즉 인간으로서 자기만의 그럴듯한 원칙을 가지려는 강한 의지가 있다. 그러므로 이에 반(反)하는 모든 사유는 자기 생각을 파괴하는 의도로 해석한다. 자기 사유에 반하면 자기와 관계가 없는 저열하고 무의미한 사유로 판단하며 철저히 배척한다. 반면 자기가 공감하고 자기 사유 영역 내에서 전개되는 철학에 대해서는 열광하며, 그것이 바로 삶의 진리를

투명성으로 통찰 존재의 탐구

나타내는 것처럼 착각하며, 다시 한번 자기 논리를 확인하고 다짐한다.

사람은 또한 자기 자신이 이미 철학적으로 무장되어 있으며 그 사유는 어느 누구에 의해서도 깨질 수 없다고 생각한다. 물론 외면적으로는 철학적 사유에 대하여 문외한인 것으로 가장하지만, 자기 사유를 뛰어넘는 사유 세계에 부딪히면 처음에는 당황하는 듯하다가 곧바로 그것은 당연한 생각이며 그 정도는 이미 알고 있었던 것처럼 위장한다.

이와 같은 위장술은 다른 사람과의 소통에서 그에게 새로운 사유 세계를 소개하고 그를 인도하려는 진실한 철학 초보자에게 당혹감을 안겨준다. 그러므로 사람이 자기 울타리 속에서 자신을 지키려는 성향을 무너뜨리고 그에게 진정한 사유 세계 확대를 인도하기 위해, 초보적 철학자는 어느 정도 심리학에 관심을 가질 필요가 있다.

그러나 사람은 자기만의 배타적 사유 세계를 가짐에도 불구하고, 자기보다 월등히 우월하다고 생각되는 자(者)나, 그 사유에 대해서는 예외적으로 무비판적이며 또한 긍정적이다. 사실 사람은 자기가 따를 수 있는 월등한 지도자를 열망하는 법이다.

그러므로 철학자로서 인간의 사유 세계에 자신의 사유를 주장하고자 하는 자는 사람의 호감을 살 수 있는 타협적 가벼운 사유를 선택하거나, 그것이 싫다면 사람의 모든 사유를 포괄적으로 통합하고 초월할 수 있는 위대한 철학을 발견할 때까지 그리고 자신의 사유 영역을 끊임없이 확대해 사유 통합을 완성할 때까지 자신의 능력을 끊임없이 키워나가야 한다.

위대한 철학의 탄생은 하늘이 부여한 천부적 능력을 갖지 않는 한, 우리 젊은 시절 대부분의 시간이 필요하다. 누군가 머리에 하얀 머리카락이 보이기 전에 자기 철학이 완성된 듯 자기 생각을 자신 있게 가르친다면 그것은 대부분 거짓이라고 생각해도 된다.

다른 사람에게 자기 생각을 말하여 그의 생각을 자기 것과 비슷하게 할 수 있다고 생각하면 오산이다. 이 같은 생각을 하면 절대로 자기 철학을 완성하지 못 한다. 우리가 자기 철학을 주장하는 목적은 그것을 통해 다른 사람이 각자 자기 철학을 완성하도록 도와주는 것이다. 다른 사람의 철학은 자신의 것과는 완전히 다른 것이어야 한다. 만일 혹시 그를 자신의 철학과 같게 할 수 있다면 그는 아직 아무것도 모르는 어린아이일 것이다.

위대한 철학은 이미 정해져 있다. 우리 인간이 각기 다른 여정에 있을 뿐이다. 자기 철학이란 없다. 위대한 철학, 절대 철학, 하나만 있을 뿐이다. 자기만의 철학이라고 생각되는 것이 있다면 그것은 아류의 철학이다. 위대한 철학은 이미 정해져 있고 우리 삶의 공간 속에 가득하다. 우리는 그것을 발견할 뿐이다. 철학의 발견이라는 표현을 쓸 수는 있지만, 그것을 자기 철학이라고 자랑하지 말라.

자기 철학은 본래 없는 것인가? 위대한 철학은 창조되는 것이 아니었는가? 밤은 차갑지만, 모닥불은 따뜻하다.

75. 미(美)의 본질

　검은 하늘에 금빛 점이 무수히 있다. 크기도 밝기도 모두 다르다. 움직임도 다를 것이다. 그는 사실 태양과 같이 뜨겁겠지만 보기엔 차갑다. 뜨거운 것이 진실인가, 차가운 것이 진실인가? 별은 아름답다. 그 아름다움의 기원은 무엇인가? 별에 선을 그어 사람의 상상력을 자극하는 이야기로 별에 의미를 주면 그 아름다움은 사라지고 이야기만 남는다. 별은 별대로 내버려 두어야 한다. 이런 생각을 하고 있을 때, 심리학자가 삶이 아름답다는 것은 무엇을 뜻하는 것인지를 물었다. 붉게빛남은 이렇게 말했다.

　아름다움의 본질에 대하여 탐구하는 것은 누구에게나 흥미와 시선을 끄는 일이다. 그러나 우리는 여기서 간과해서는 안 되는 미적 개념의 혼돈이 있다는 것을 인식해야 한다.

　독일의 한 철학자가 칸트(Immanuel Kant), 순수이성비판 '필연적 사고', '보편성의 부정', '무관심적 만족'으로 미의 본질에 대하여 기술한 것은 어느 정도 타당성이 있는 듯하다. 즉, 대상에 대한 이해로서 필연적으로 발생하며, 보편적 개념으로는 기술 불가능하고, 미적 가치 이외의 것에 대한 무관심이 필요하다는 것이다.

그러나 그는 미의 본질에 대해 순수한 본질적 미가 아닌 개념적 관념적 미로 그 본질을 탐구한 과(過)를 범했다.

개념적 지식은 인간의 생각만으로 구현하는 지식이다. 개념적 지식, 개념적 철학은 인간 생각 속에서는 가능하나 실제 우리 삶 속에서 그것을 이루려면, 무언가 다른 과정이 필요한, 교과서 같은 철학이다. 하지만 우리는 보통 이것을 안고 있다고 한다. 그런데 안다는 것과 실제로 그러하다는 것과는 완전히 다른 이야기 아닌가? 칸트의 아름다움에 대한 정의는 개념적 철학이라고 할 수 있다.

우리는 아름다움(美)을 '도덕적 미', '욕구적 미', '존재적 미'로 분류한다.

'도덕적 미'의 본질은 도덕적으로 가치가 있는 것을 아름다움으로 생각하는 것이다. 조금만 생각해도 오류라는 것을 알 수 있는 이 아름다움의 개념이 현대사회에 있어 오히려 미의 절대적 권위를 차지하고 있다. 하지만 만일 '도덕과 정의(正義)'를 강자의 이익을 위한 수단이라고 가정한다면, 이 도덕과 정의(正義)로부터 기원한 도덕적 미는 우리를 전율케 하는 미 개념의 전도이며 반드시 미로부터 도덕적 본질을 제거해야 할 것이다.

'욕구적 미'는 원하지만 자기 힘으로 불가능한 것을 미로 승화시켜 위안을 얻기 위한 수단으로 생각하며 이는 사람에게 매우 유용하다. 사람은 자기가 아닌 누군가가 이룰지도 모른다는 불안감으로 이 미(美)를 불가능하게 하려고 그 본질을 추상화시켜 버렸다. '욕구적 미'의 병폐는 '미는 불가능한 것'으로 생각하게 하여 사물이 아름답지 못한 것으로 전락한다는 것이다.

왜곡된 미적 요소를 미의 본질에서 제외하면 실제적, 본질적 아름다움, '존재적 미'가 그 모습을 드디어 드러낸다. 아름다움에서 도덕, 정의, 욕구, 희망 같은 아름다움과 관계없는 것을 삭제하라. 아름다움마저 탐욕스러운 권력가, 재력가의 손에 들어가지 않도록 하려면 정신을 바짝 차려야 한다. '존재적 아름다움'이란 그가 존재함으로써 발생하는 아름다움이다. 그러므로 모든 존재는 아름다움을 가진다.

세상에는 추한 존재로 가득하지 않은가? 모든 존재는 아름답다는 것에 동의할 수 있는가? 하지만 세상 어떤 것도 우주에서 하나뿐이다. 언뜻 같아 보이더라도 시간을 고려한다면 같은 사물은 하나도 없다. 단 하나뿐인 것은 아름답다거나 추하다거나 하는 개념이 없다. 하나뿐인데 아름다움과 무슨 상관이 있겠

는가? 이것이 존재론적 아름다움이다. 사람은 말할 것도 없이 하나뿐이다. 사람은 아름다움과 추함과 무관하다. 아름다움은 인간이 위조한 개념일 뿐이다.

　　우리는 아름답지도 추하지도 않은 상태를 아름답다고 정의한다. 그러므로 모든 존재는 아름답다. 이 중립적, 존재적 아름다움을 '존재적 미' 정의한다면, 사람의 악하고 추한 행위는 아름다움의 본질에서 다룰 문제가 아니다. 그것은 정의와 도덕의 문제이다. 도덕과 정의로부터 벗어난 존재론적 아름다움이 미의 본질인 이유이다.

76. 미의 세가지 원리

나무로 만들어진 산장은 소나무와 향나무들로 만들어졌
는지, 가끔 강렬한 나무 향이 몰려온다. 이 나무 향은 정신을 맑
게 하고 복잡한 생각에서 벗어나게 해주는 것 같다. 불 속 나무
장작으로 추위를 녹인다. 여기 있는 사람 모두, 진리를 위한 연대
(連帶)로써 같이 모여 사람의 삶을 위해 자기가 해야 할 것을 각
자 생각할 것이다. 아름다움에 대하여 생각하던 중, 한 도덕론자
가 '존재적 미'의 구체적 본성 또는 특성이 무엇인지를 물었다.
붉게빛남은 '존재적 미'의 세 가지 특성에 대하여 이렇게 말했다.

미(美)의 기원에서 도덕적 관념과 욕구적 관념을 제거하
면 이제, 미는 우리에게 매우 친근하게 다가오고 우리가 바라보
는 모든 것에서 미(美)를 발견한다. 작은 색연필 하나, 오래된 낡
은 대문, 아름답지 못한 외모를 가진 자의 웃음, 헝클어진 책상
위 책, 하얀 종이 위 파란색 글씨, 작은 풀잎에 맺힌 이슬, 이렇게
도덕적, 욕구적 미의 관념이 분리된다면, 미는 우리 주변 모든 것
에 존재한다.

모든 물(物)에서 외형적 및 내면적으로 최고의 상태를 나타내는 것이 '존재적 미'이다. 미의 본질을 내면적인지 외면적인지 따지는 어리석은 논쟁은 예술, 문학 그리고 미학의 끊임없는 논쟁거리이다. 그러나 미를 '절대적'으로 아름답다고 사유한 것이 '완전성'을 가지고 존재함으로써 탄생하는 것으로써 인식할 때, 미에서 외면성과 내면성의 벽은 사라진다.

이 최고의 상태는 인간의 도덕적 관념과 욕구적 관념과는 무관하게 물(物) 자체로부터 인식되는 상태로서 일체 모든 물(物)에 이 최고 상태가 존재한다. 또한 새로운 존재로의 재탄생을 위한 '가능성의 분출'이 내포되어 있기도 하다. 모든 존재는 그 자신이 절대적 아름다움을 가지고 있다. 이처럼 도덕적 미, 욕구적 미를 제거한 존재적 미는 세 가지의 원리를 가지고 있는데, 그것은 '절대성의 원리', '완전성의 원리', '가능성의 원리'이다.

미는 절대성을 가질 때만 비로소 미의 본래 의미를 잃지 않는다. '절대성의 원리'는 미에 대한 상대적 비참에서 우리를 구출한다. 미가 상대적이면 아무리 아름답다 하더라도 모두 언젠가는 아름다움에서 멀어진다. 상대성에 의해 비참해지고 타자(他者)보다 아름답지 못한 것에 좌절한다. 상대성의 세계에서 우리는 절대 아름다움에 도달할 수 없다.

미는 '완전성'을 가질 때만 욕구의 굴레에서 벗어난다. 인간의 욕구와 구함은 끝이 없어 완전성에 도달하지 않은 미는 사람을 아름다움의 세상에서 추방한다.

미는 '가능성'을 가져야 한다. 이는 불완전성을 의미하는 것이 아닌 하나의 완전성에서 또 다른 완전성으로의 재탄생을 위한 변신을 의미한다. 예를 들면 여인의 아름다움에서 어머니의 아름다움으로, 녹색의 아름다움에서 생명의 아름다움으로의 이행과 분출이다.

우리는 절대성을 가지는가? 우리는 완전성을 가지는가? 우리는 가능성을 분출하는가? 존재 [나]를 발견하면 절대적 미를 소유할 수 있는가? 존재 아름다움에 대한 탐험 과정에서 절대성, 완전성, 가능성이 주는 평온함을 얻을 수 있을 것이다. 이는 실존 [나]를 찾는 것과 같은 결과가 아닌가? 이미 진리는 우리 삶 속에 가득하고 그것을 찾는 방법은 여러 가지이다. 자신의 절대적 아름다움을 발견하려면 결국 [나]를 발견해야 하는가? 모든 진리는 산속 가을밤, 우리가 찾고 있는 실존적 존재 [나]로 수렴하는가?

투명성을 통한 존재의 탐구

77. 위대한 정신의 탄생

휴식을 위해 천천히 검은색의 나무숲으로, 작은 오솔길을 걸었다. 누군가 소나무 긴 잎을 하나 뜯어 입에 물고 그 솔잎 향기를 잎 속에 머금고 있다. 우리는 타자(他者)를 닮지 말고 자기 존재를 독립적으로 구성해야 한다. 우리는 누군가에게 들은 이야기는 모두 잊어버리고 자기 생각을 창조해야 한다. 누군가가 나에게 알려 준 사유할 것도 많지 않은가? 누군가의 생각과 철학을 기억하는 것이 아니라 '우리가 무엇을 사유할지'를 결정해야 한다. 마음속에서 상기해야 할 것은 그것이다.

이런 생각을 하고 있을 때, 몇 번 질문했던 시인이 사람을 이끌 위대한 철학, 절대 철학이 무엇인지를, 그리고 누가 그 위대한 철학을 완성할 수 있을지를 물었다. 붉게빛남은 잠시 침묵하다가 절대 철학에 대하여 이렇게 말했다.

인류 역사상 거의 모든 지배자, 권력자는 자기 주위에서 철학의 탄생을 그대로 보아 넘기지 못한다. 그는 자기가 지배할 수 없는 새로운 계급의 탄생 즉 정신적 계급의 탄생을 원하지 않기 때문이다. 사실, 인류를 이끌어온 것은 이 정신적 계급의 사람이며 그 정신은 인식 세계와 인간 통치에 대한 방향을 제시하고 모든 사유의 근원으로 작용한다. 즉 사람의 모든 가치 기준은 이 위대한 정신이 인도하고 결정한다. 그러나 지배자는 보통 이 사실을 인정하지 않는다. 이를 인정한다는 것은 자신의 위대성에 대한 환상에 치명적이기 때문이다.

환상에 빠진 권력자는 자기 힘의 근원이 일반 민중에 있다는 것을 간파하고 그들의 이익을 위해 일하는 것을 자신의 최대 목표로 하며 그 일에 만족해하는 것처럼 위장하고, 선전한다. 권력자와 재력가는 이 기술로 어느 정도 성공하는 듯싶었을 것이다. 하지만 사람들은 이상하게도 이들 지배자를 존중하지 않는다. 사람은 이 지배자와 자신과의 차이를 발견할 수 없기 때문이다. 그가 지배자이지만 자신과 동일한 정신적 계급이었던 것이다.

사람들의 존경심 부재를 파악한 지배자는 위엄과 힘의 장벽으로 사람들과 자신을 분리하고 이를 통해 자신이 인간 일반과 다른 계급임을 선포했다. 그리고 이 형식적 힘을 통한 일반 시민과 자신의 분리는 지배자에 대한 두려움을 일부 성취할 수 있었다. 그러나 대부분 사람은 자신의 머리 숙임을 강제하는 힘에 대해 결국 반감을 가지고 돌아선다. 이들 어리석고 탐욕스러운 지배자는 자신의 어리석음을 죽음의 그림자를 맞이해야 조금

알 수 있을 것이다. 자신이 다른 사람보다 조금 뛰어나다고 생각하는 자는 모두 이를 기억해야 한다.

사람은 위대한 정신의 탄생과 진정한 지도자를 기다린다. 우리가 모두 그들이 되기를 기대한다. 이를 위해서는 3개의 험난한 계곡을 가진 큰 산을 넘어야 한다. 그것은 존재의 계곡, 의지의 계곡 그리고 인식의 계곡을 가진 큰 산이다. 이 계곡을 지나 모두 자유로울 수 있어야 한다. 계곡은 서로 엮여 있어 하나의 계곡을 벗어나도 다른 계곡으로 빠져들어 갈 것이다. 미로와도 같이 그들은 복잡하다. 그리고 거기에는 수많은 괴물이 사람을 노리고 있다.

나, 타자(他者), 사람, 생명, 사물, 욕망, 기쁨, 분노, 슬픔, 즐거움, 감각, 쾌락, 안락, 생각의 괴물이다. 그러나 너무 겁먹을 필요는 없다. 우리가 넘지 못 할 계곡과 산도 아니고 대적 못 할 괴물도 아니다. 용기와 간절함만 있다면 가능하다. 대부분의 겁쟁이는 경험한 적도 없으면서 짐작만으로 계곡과 산으로부터 도망해 내려와 그 험난함과 포악함을 사람들에게 떠들어댄다. 그 소문에 사람은 계곡과 산 근처에 접근하지도 못한다. 그리고 누군가 가겠다는 용자(勇者)가 나타나면 절대로 안 된다고 말린다. 그러나 언젠가 위대한 정신은 그 산을 정복하고, 사람들을 산 넘어 아름답고, 평온하고, 자유로운 세계로 인도할 것이다.

우리는 위대한 그들이 될 수 있을 것인가? 우리는 새로운 정신의 계급으로 탄생하여 사람을 이끌 수 있을 것인가? 이는 권력과 힘과는 무관하다. 힘 있는 권력자를 우리는 지도자로 인정할 수는 없다. 실제 우리를 인도하지 않기 때문이다.

우리는 진정으로 머리 숙일 수 있는 지도자를 원한다. 새로운 정신적 계급은 위대한 정신이 되기를 원하는 자이다. 그런데 과연 사람은 위대한 정신의 탄생을 원할 것인가? 사람의 시기와 질투는 자기가 같이 파멸되더라도 위대한 자를 파괴하는데 더 열심인 법이다. 이 같은 두 가지 상반된 모순을 극복하기는 쉽지 않다. 이것이 위대한 정신의 시대가 쉽게 도래하지 않는 이유이다.

78. 침묵의 효용

솔방울이 바닥에 군데군데 떨어져 있고 마치 땅으로부터 새로운 가지가 올라오는 것 같다. 산 저편, 달빛에 비추어진 구름과 검은 산은 내가 어디에 있는지, 지금이 언제인지 잘 구분이 되지 않게 한다. 산장 주변 잔디 위에는 밤을 잊은 잠자리 몇 마리가 날아다니며 그 자유로운 비행을 자랑한다. 한 재력가가 자신과 같은 철학의 초보자는 언제쯤 인식한 것을 다른 사람에게 말할 수 있는지 물었다. 붉게빛남은 이렇게 말했다.

사람은 자기 힘을 향상할 능력이 없을 때 다른 자를 약화함으로써 자기 지위를 향상하려는 경향이 있다는 것은 주지의 사실이다. 이와 같은 사람의 공격 경향은 철학의 초보자에게도 그대로 적용된다. 그러므로 철학의 초보자가 상처받지 않기 위해서는 오랜 사유에서 얻은 작은 진리를 섣불리 나누려고 해서는 안 된다. 철학의 초보자는 그들로부터 떨어져 높은 산정에 올라, 완전한 철학을 이루기 전까지는 침묵의 바다를 반드시 건너야 한다.

묵언(默言) 수행과 같은 승려적 수업 방식은 자신의 사유와 철학을 자랑하고 싶어 하는 초보 철학자에게 유익하다. 하지만 아쉽게도 묵언의 과정은 오랫동안 인내의 고통이 필요하기 때문에 실제로 침묵의 바다를 건너는 철학자는 많지 않다. 그리고 누구도 건너지 못할 것이라고 생각하고 포기해 버린다.

침묵은 자신에게 집중할 시간을 제공한다. 침묵은 내 말로부터 나를 방해하는 소음을 발생하도록 하지 않는다. 침묵의 공과(功過)는 공(功)이 월등하다. 침묵하라.

우리는 침묵하는가? 자신을 찾으려는 자는 사람들과 말할 시간이 그렇게 많지 않다.

79. 시끄러운 침묵

　　밤이 깊다. 차를 마시며 차분한 시간을 보낸다. 우리는 지금 평온한가? 우리가 즐겁고 행복하지 못한 이유는 무엇인가? 사랑하는 자와 함께 할 수 없는가, 좋은 집에서 살지 못하는가, 고가(高價)의 옷을 입어 자신의 재력과 감각을 자랑하지 못해서인가, 여러 사람에게 동시에 사랑받을 만큼 아름답지 않아서 인가, 능력 부족으로 미래가 불안한가, 과거 행동에 대한 후회 때문인가, 중한 병으로 다른 사람보다 일찍 죽어서인가, 죽음으로 사랑하는 사람을 보지 못해서인가, 값비싼 물건을 사지 못해서인가, 육체적 고통으로 인해 즐거움을 생각할 여유가 없어서인가?

　　우리 모두, 자기 어려움으로 다른 사람의 어려움을 듣고 보지 못한다. 돌이킬 수 없는 상실을 겪은 자의 슬픔은 어떻게 회복할 것인가? 지금은 평온한가? 하지만 누구나 상실과 슬픔의 시기는 있다. 삶은 즐거움의 바다인가, 슬픔의 바다인가? 실존적 존재 [나]를 발견하면 불가능해 보이는 문제의 답이 보이기 시작할 것인가?

　　이런 생각을 하고 있을 때, 시인이 사람들과 말하면 무언가 잃는 듯한 기분이 드는 이유가 무엇인지, 그리고 우리가 침묵해야 하는 이유가 무엇인지를 다시 물었다. 붉게빛남은 침묵에 대하여 이렇게 말했다.

사유 세계에 깊이 몰입하여 자기 사유 공간 세계를 완성한 자에게서 느껴지는 것은 그의 눈빛에서 발산하는 접근하기 어려운 숭고함이다. 우리는 그 눈빛을 본 경험이 있는가? 이 사유자는 침묵하고 또 침묵한다. 침묵을 통해 사유의 불완전함과 혼란을 발생하는 언어의 한계를 극복한다. 그가 침묵을 깨는 것은 자기 사유와 언어의 불일치를 극복했을 때이다. 아는 것과 그것을 말로 표현하는 것의 불일치를 극복하는데 보통 10년의 시간이 걸린다고 생각하면 크게 틀리지 않는다.

그가 침묵을 깨는 것은 자신의 사유를 수용할 능력을 갖춘 자에게만 국한한다. 그러므로 침묵을 깬 그와 대화를 원하는 자는 타인의 생각을 수용할 수 있는 능력을 갖추도록 노력해야 한다. 이를 위해서 내적 자기 정신의 오류 없는 발산과 타인 사유 수용을 위해 자기 사유를 완성해 주는 '침묵 과정'을 충분히 거쳐야 한다. 그렇지 않으면 숭고한 그의 말이 들리지 않기 때문이다.

사람은 자신이 들으려는 말만 듣는다. 또한 사람은 자신이 많은 말을 하고 있으며 또한 많은 사람에게 감동을 주고 있다고 생각한다. 그러나 깊은 사유 인식자는 그에게서 아무것도 들을 수 없다. 자기 생각만 고집하는 그의 말은 단지 단어 집합체의 혼란스러운 소음일 뿐, 그 이상도 이하도 아니다.

자기 고집적인 그는 대부분 자기 독립적 사유가 아닌 다른 사람의 생각 중 자기가 선택한 생각만을 주고받는 데 이미 익숙해져 있다. 그런데 그는 이와 같은 사유 경향을 인식하지 못하고 있기 때문에 이로부터 벗어나려는 시도조차 하지 않는다.

이런 고집불통 사유 현상은 타인의 사유 중 자기와 맞는 사유는 받아들이고, 맞지 않는 사유는 받아들이지 않으려는 현상이다. 이 현상을 겪는 사람은 자신의 사유 세계에 대체로 만족해한다. 그는 열심히 말하고 있지만, 소음만 들릴 뿐이다.

사람이 자신의 시끄러운 침묵 상태로부터 벗어나기 위해서는 자기 사유 세계로의 복귀가 필요하다. 이때 침묵의 세계가 그에게 확실한 도움을 준다. 사유가 언어화되면 고정되기 쉬우며 이 고정된 사유의 극복에는 노력과 시간이 필요하다. 침묵은 필요 없는 언어화를 막아준다.

침묵은 힘의 낭비를 막아준다. 침묵은 사유를 완성하고 통합의 과정을 마친, 더는 말하지 않아도 되는 사유에 관하여, 불완전한 사유를 가진 철학 초보자와의 또 다른 반복 통합 과정을 방지한다. 이 과정은 때때로 적지 않은 힘의 낭비를 야기한다.

침묵은 생각을 가라앉혀 자신을 투명하게 해준다. 말하는 자는 투명하지 않다. 말의 개념으로 사유가 물들기 때문이다. 하지만 오해 말라. 아무 생각 없는 침묵은 나태한 해태 굴속에서 헤어 나오지 못하게 할 뿐이다. 사유하라, 그리고 침묵하라. 꼭 말해야 한다면 자기 사유를 혼란하게 하지 않는 확고한 신념으로 무장된 말만 하라.

자기 철학의 완성을 위해서는 자기만의 사유 통합 과정과 원리를 알아내고 그것을 완성해야 한다. 통합 사유 원리에 대한 인식은 개개인 각자 사유 작용에 의해서만 가능하다. 그러므로 자신이 침묵의 바다를 건너 알게 된 진리라고 하더라도 타자(他者)에게 별로 도움이 되지 않는다. 또한 사유 통합을 위한 인도자 역할에 반하는 것이기도 하다.

자신의 시끄러운 침묵 상태로부터 벗어나기 위해서 가장 필요한 것 중 하나가 바로 고요한 침묵이다.

말은 자기 생각과 철학을 고정한다. 듣는 사람이 많다면 더욱 조심해야 한다. 자신의 사유와 철학이 소중할수록 더욱 침묵의 시간을 길게 갖도록 노력하라.

80. 인식의 투명성

　　달은 아직도 지치지 않고 우리를 비추고 있다. 바람의 방향이 바뀌는 것 같다. 산에서의 두 번째 밤이 지나고 있다. 이미 사람들과 오래된 친구가 되었다. 누군가 자신의 교육자, 예지자(叡智者)가 있다면 그것은 축복할 일이다. 마지막 질문으로 철학자가 존재의 투명성을 가진 자의 특징에 관하여 물었다. 붉게 빛남은 이렇게 말했다.

　　우리는 투명한 그를 볼 때 그에게서 아무것도 볼 수 없다. 그는 아무것도 갖고 있지 않은 듯이 보이지만 그를 통해 우주 속 사물은 우리 눈 속으로 좀 더 명확히 들어온다. 그는 사람의 사유를 방해하지 않으며 그와 함께 있을 때는 마치 혼자 있는 듯한 착각에 빠뜨린다. 그는 모든 사물을 있는 그대로 볼 수 있도록 도와주고 사물이 굴절된 모습으로 -물속에서 사물이 굴절되듯이- 다가오는 것을 자연스럽게 막아준다.

　　사면이 벽으로만 느껴졌던 자신의 영역, 그 주위를 그는 어느새 투명하게 바꾸고 모든 사물과 그 사물의 움직임을 느끼도록 하여, 자신이 사람과 삶의 중심이라는 생각을 갖게 한다. 그는 모든 사유의 집합체와 같아서 마치 여러 가지 빛이 모이면 투명하게 되듯이 투명하게 되었으며, 인간 사유의 어떠한 것도 그를 동요하고 색채화하지 않는다. 이와 같은 투명성은 사람이 가지는 최고의 인식 상태이다.

투명성을 가지기 위해서는 존재, 의지, 인식 모두를 가라앉히는 것이 필요하다. 어느 하나라도 사유 속에서 움직이면 투명성은 사라진다. '존재의 가라앉힘'은 [나]로부터 존재를 대자(對自)존재, 대타(對他)존재 관조하는 것이고, '의지의 가라앉힘'은 욕구와 구함을 잠재우는 것이며, '인식의 가라앉힘'은 자기 생각을 가라앉히는 것이다.

투명한 존재가 될 수 있겠는가? 우리가 모두 실존적 존재 [나]를 발견할 수는 없다. 얼마나 시간이 걸릴지도 모른다. 그러나 자전거 타는 법을 배우듯이 그렇게 우리는 그곳에 도달할 것이다. 밤이 깊다. 바람이 쉴 것을 재촉한다.

내일을 기다리며

잃어버린 [나]는 어디에 숨어 있는가? 진리는 어디에 숨어 있는가? 이 책 속 어디에 감추어 두었는가? 오늘 밤, 잠자리에서 자유정신, 고귀함, 제3의 탄생, 투명함을 생각하며 [나]를 찾아 나설 것이다.

문틈으로 들어오는 산바람에 섞인 소나무 향에 취해 잠속으로 빠져든다. 내일은 존재 [나]를 찾을 것이다.

즐거운 여름밤 서늘한 바람이 알려주는 것들

존재 [나]에 대하여

잃어버린 나를 찾기 위한 8가지 방법

씨 뿌리는 자의 마음이 평화로운 것은
자신의 일이 결정되었기 때문이다.

존재 [나]에 대하여 — [나]에 대하여 개정판

개정판 ‖ 2019년 8월 15일
지은이 ‖ 김주호
펴낸이 ‖ 이현준
펴낸곳 ‖ 자유정신사
등록 ‖ 제251-2012-40호
주소 ‖ 경기도 성남시 판교역로 145
전화 ‖ 031-704-1006
팩스 ‖ 031-935-0520
이메일 ‖ bookfs@naver.com

ISBN 978-89-98392-19-2 (03100)

이 도서의 국립중앙도서관 출판예정도서목록(CIP)은 서지정보유통지원시스템
홈페이지(http://seoji.nl.go.kr)와 국가자료종합목록 구축시스템(http://kolis-net.nl.go.kr)에서
이용하실 수 있습니다. (CIP제어번호 : CIP2019030375)